水戸の人物シリーズ11

水戸の国学者

吉田活堂

梶山孝夫

錦正社

『水戸の人物』シリーズ刊行に当たって

水戸人に限らず、茨城県人の気質の一面を色濃く持つ人を世間では「水戸ッポ」という。それには敬愛の意味もないではないがその反対の場合も少なくないようである。

かつて藤田東湖は「水戸ッポ」とは言わなかったが常陸の気風を矯正しようとして、その「慷慨激烈《こうがいげきれつ》、進取に鋭《えい》にして敢為《かんい》に勇《ゆう》」であることは長所だが、その反面、「懶惰麁豪《らんだそごう》、研精《けんせい》の功《こう》を虧《か》き、固陋自足《ころうじそく》、汎愛《はんあい》の意に乏《とぼ》し」――つまり、横着で荒っぽく仕事に精密さが無く、頑固で見識が狭く、広く人を愛する心が乏しい――という欠点を指摘した。そして上方の人のように冷静沈着他人にやさしく、仕事に勤勉な気風を養うように指導した。そのために、東湖の影響を受けた水戸藩の士民にはその効果と思われる気風が確かにあったように思われる。いわゆる水戸の志士に対する現在の単純化したイメージは改めなければならないであろう。

ところで、水戸史上の人物にもさまざまな風格の持ち主があって、共通の類型に当てはめて割り切ってしまうことははなはだ精密を欠くことであり、また事実不可能でもある。一体水戸という所は昔から都を遠く離れた関東の僻地にあって、冬は寒く、産物は余り豊かでないが、東北に較べるとかなり恵まれた方である。こうした風土環境の中で造成されてきた土着の水戸人に対して、政治や教育の上で気質の改良に務めたのは水戸藩であった。ことに初期の水戸藩士は皆他地方から寄せ集められた混成部隊であるが、その多くは家康が末子頼房のために自ら選り抜いた人材から成っていた。それが第二代藩主光圀(義公)の時には、光圀自身若い頃から学問の意義に目ざめ、無学の人間ほど役に立たぬものはないと悟って領内の士民に常々有用の実学を奨める一方、大日本史編纂等の文化事業に携わる史臣をはじめ多くの家臣を採用したが、その採用に当っては履歴の他に詩や文章を検し、人柄を重んじた。このためか光圀の時代には一種独特の気骨ある人物が集められ、それぞれの持ち前を活かして充分な働きを見せた。光圀の施政は百姓町人にも大きな影響を与えたであろう。

時代が下って、第六代藩主治保(文公)の頃、領内の百姓町人から人材を選んで藩士に採用したことは、領民に意欲を持たせたが、第九代斉昭(烈公)の大改革はそうした新進藩士やその子たちの改革意欲によって推進された。従ってこの時代には領内の士民の間に文武好学の気風が興り、改革的意見を具申する者も多くなった。烈公や東湖による気風刷新は、世界的国家的立場から郷土的弊風を一洗しようとしたもので、それによって尊王攘夷の精神に基き、内外の危機を打開する重い任務を果そうとしたのである。こうして幕末の水戸人は高い思想識見とやさしい人情味、気魄に富んだ実行力を持つようになったが、それは深い学問探求の努力や、父兄師友による切磋琢磨があったことを忘れてはならない。

「水戸の人物」シリーズは、水戸人を一つの類型にはめるのではなく、個々の生き方の中にさまざまの特性を見出して、現在に生きるわれわれの中に活かせるようにと考えて発行してゆきたい。

たしかに今でも水戸人は直情径行で学問思索を好まず、自分本位で他人に対する思いやりに乏しい欠点がまだあるように思う。われわれは「大日本史編纂」に発揮された精密な研究態度や、完成のための驚くべき持久貫徹力、あるいは弘道館教育に示された高い独創力、また、吉田松陰をはじめ多くの来訪者が感嘆した水戸人の懇切丁寧腹蔵なき応待ぶりを学び、現代日本の国際的な発展に貢献したいものである。

昭和五十八年七月

水戸史学会第二代会長　名越時正

（名越会長は、去る平成十七年に逝去されたが、本叢書は名越会長の発案に始まったものであり、その趣旨は全く変わらないので、敢えて旧版の序文のま、とした。）

はじめに

国学の大成者といわれる伊勢の本居宣長《もとおりのりなが》の晩年にあたる寛政三年（一七九一）、水戸の下級藩士である吉田家に一人の男児が誕生した。彼の履歴に関しては幼少時はいうまでもなく十代についても判然としないが、後年の著書で「本居宣長が著述は、皆有用の物にて（中略）皆皇国の道を道として説あかしたる書なれば、早く読べき書なり」と宣長を評価し、水戸学に国学という学問を積極的に取り入れようと試みた人物である。彼は儒学的色彩の強い水戸では国学（とりわけ古典や歌学）に関心を寄せたユニークな学者であり、烈公斉昭《なりあき》の側近としても政教一致の実践に尽くしている。きら星のごとくに輝く多彩な人物を輩出した水戸にあっては、注目されることも少なく、その生涯も決して派手ではない。どちらかといえば地味な存在である。いわば、埋もれたままの人物といえるかもしれない。しかしながら、義公光圀以来の学風の中に自らの学問思想を磨きつつ、水戸学の一翼を担った存在ということができよう。果たしてその人物とは誰か。活堂《かつどう》吉田平太郎令世《へいたろうのりよ》、その人である。後期水戸学を拓いた藤田幽谷の門人であり、東湖の義兄に当たるといえば、おおよその人的位置づけが可能であろうか。

なお、生誕の年は師幽谷が「正名論」を著し、会沢正志斎が入門した年でもあって、いわば後期水戸学の濫觴《らんしょう》ともいうべき年である。

本書では吉田活堂という人物に光を当てて、彼の生涯を明らかにし、水戸学及び国学史上の役割を考えてみたいと思う。いわば吉田活堂の発見、これが本書のテーマである。以下、本書では特別の事情がない限り活堂の表記で統一し、また引用の史料はできるだけ読みやすくするため平仮名と片仮名混合部分は平仮名で統一し、また通常漢字を用い、句読点や送りがなを補ったところがあるのでご了解を賜りたい。

目次

『水戸の人物』シリーズ刊行に当たって……1
はじめに……5
一　藩主斉昭の誕生……9
二　生　涯……14
三　著　述……18
(一)　根本思想的著述……19
(二)　文学・考証的著述……21
(三)　記録的著述……22
四　学　問……25
五　和　歌……46

六 交遊……60
七 家族……78
八 終焉……91
附録一 『声文私言』をめぐって……96
附録二 『伊勢物語作者論』について……102
一 『伊勢物語作者論』の本文……102
二 『伊勢物語作者論』の成立……110
三 本文の検討……113
四 本書の意義……116
附録三 『万葉集』研究について……118
吉田活堂・璞堂略年譜……124
おわりに……127

一　藩主斉昭の誕生

活堂の水戸藩士としての最も光彩を放つ行動は敬三郎（八代藩主斉脩《なりのぶ》の弟）の第九代藩主擁立に荷担したことである。次の描写は真実に迫った見事なものであり、眼前にその様子を浮かべることができよう（引用に当たっては読みやすくするために若干の変更を加えた。以下同じ）。

　小石川水戸本邸内の動きは、外部からはまったく察知することは不可能だった。同志の者らが、来たり、また去り、それぞれの想像と、予測とを語ってゆくだけに過ぎなかった。と、そのあくる日、史館編輯吉田令世が、ひそかに東湖を訪ねてきた。

　東湖は、始めて眉を上げた。

　げっそりと窶《やつ》れた双頰《そうきょう》にさっと紅の色がのぼった。

　吉田令世は、史館総裁青山拙斎や、通事立原杏所《きょうしょ》やその他の人々と、斉修（ママ）の臨終から今日の日まで、本邸にずっと詰めていたのである。

その情報も、外部の人々が、出入りの身分の軽い者たちから探り出したそれとは、まったく違う。吉にせよ、凶にせよ、奥の事実がそのままに伝えられるのだから。

「ご遺書が出ました。」

吉田令世は、畳へ膝を突きながら、昂奮《こうふん》した声でそう言った。

「ご遺書が――」

「うむ。岡井蓮亭《れんてい》先生のお手から。」

「――」

「殿さまがご生前にお渡しおかれたものという。」

岡井蓮亭は、斉修の学問の師である。

「そして、それには。」

「それには――」

幾夜か徹宵《てっしょう》をつづけたらしい吉田令世の充血した目が、一際ギラギラと光った。

「藤田氏。われらは勝った。」

「なに。」

「敬三郎君を継嗣と定めよとのご趣旨が記されてあった。」

その声は感激のあまり、打ちふるえて、語尾がかすれた。

「吉田氏っ。」

東湖は、いきなり令世の手を、力一杯にぎりしめた。

その両眼が見る見るうるみ、ホロホロと大粒の涙が、頬へ、手の甲へ、袴の膝へと露玉のようにこぼれ落ちた。

これは昭和十八年に刊行された野村政夫氏の『水戸烈公』の一節である。新藩主誕生の緊迫した状況をリアルに表現しており、小説とはいうものの史実にふまえた叙述といえよう。実は、活堂は敬三郎の藩主擁立に至る経過の詳細な記録を残しているのである。『水の一すぢ』三巻がそれであるが、和文での叙述であり、彼の学識が窺える著述といえる。『水の一すぢ』によれば、おおよそは次の通りであった。

発端は八代藩主斉脩《なりのぶ》が跡継ぎに恵まれなかったところから、弟の敬三郎を養子とする意見と将軍家から養子を迎えようとする一派の対立が起こったことにあった。将軍家からの養子というのは具体的には清水恒之丞《しみずつねのじょう》を迎えることであるが、これに対し藤田幽谷門下などが「社稷《しゃしょく》存亡之機」として反対運動を繰り広げたのである。それは清水を擁立すれば藩祖威公頼房《よりふさ》の血胤（血統）が断絶してしまい、藩を幕府へ返納して別に清水を水戸へ封ずると同じことで水戸藩は滅んだのも同然であると考えられたからである。活堂は江戸に在って根本三十郎らとともに水戸の藤田東湖・会沢正志斎・杉山復堂らと連絡し合い、敬三郎にも上書して動静を伝えたりしていた。この上書のなかに小石川御殿での食事などに十分注意されるように進言しているのは、当時敬三郎は駒込邸から小石川に出かけていたので毒殺を警戒したからであろう。それほど事態は切迫していたのである。

文政十二年九月、斉脩の病状が悪化すると、ことは急を要するようになり、十月一日のいわゆる南上《なんじょう》が引き起こされる。南上というのは敬三郎擁立派の四十数名が山之辺義観《やまのべよしみ》を領袖と仰いで無届のまま江戸に上ったことを指すのであるが、この中に東湖・正志斎・復堂らが含まれていた。水戸藩始まって以来の大騒動だった。一行は三日の夕刻千住に着き与《くみ》する仲間に周旋したが、四日の夜斉脩が世を去った。三十三歳だった。野村氏の叙述にみえるように敬三郎を後嗣とする遺書（朶雲《だうん》片々）が発見されたので、藩では附家老《つけがろう》中山氏を通じ敬三郎を養子とすることを幕府に願い出て、八日正式に認められた。そこで、斉脩の逝去が十六日と発表され、翌日敬三郎に相続の命令が下ったのである。ここに九代藩主斉昭が誕生したのであった。

東湖らは八日に江戸を発って水戸に下ることになるから、先の一節はおそらく五日か六日ころを想定しての描写ということになろう。

活堂の『水の一すぢ』は藩主斉昭の誕生を「もろもろの事のもと」(上)、「さまざまのうたがひ」(中)、「おさまるくに」(下)という表題のもとに流麗な文章で綴られており、読み物としても十分な魅力を備えた出来栄えとなっている。以後、江戸在任中の活堂は新藩主の股肱《ここう》の臣として活躍し、その国学的学識を発揮することとなるのである。

なお、『水の一すぢ』は『存採《そんさい》叢書』に収められて明治十九年近藤瓶城氏によって刊行されているが、合冊本は大正十年の刊行で、奥付には著者として「茨城県士族故人吉田令世」「水戸上市鳥見町二十三番地」と記されている。

二 生涯

それでは吉田活堂とはどういう生涯をたどった人物なのであろうか。藩士としての生涯は『水府系纂』（巻六十九）に譲るとして、学問上から五十四年の生涯を五期にわけて考えてみよう。

第一期（寛政三年から）　準備期（二十三歳まで）
第二期（文化十年から）　確立期（三十五歳まで）
第三期（文政八年から）　発展期（四十一歳まで）
第四期（天保二年から）　沈潜期（四十七歳まで）
第五期（天保八年から）　円熟期（五十四歳まで）

第一期は誕生から彰考館に入るまでであり、藤田幽谷の青藍舎《せいらんしゃ》で学ぶ時期でもあった。父は尚典といい愚谷《ぐこく》と号したが、彰考館における幽谷の館僚で能筆、そして学識に秀れており、母は友松《ゆうしょう》の法名を持ち歌才を備えた人であった。幼少時のことはほとんど不明ではあるが、『孝経』を学び、和歌を修めたことが知られる。いわば、学問の準備期という位置づけが可能である。通称を平太郎、諱《いみな》を令世《のりよ》、字を平坦《へいたん》といい、活堂《かつどう》はその号であるが、また翠外《すいがい》とも号した。

第二期は思想上の主著ともいえる『声文私言《せいぶんしげん》』を脱稿するまでの時期である。三十一歳の文政四年に江戸に移ったことが主な履歴となる。この時期には国文学的方面への関心が深まり、いくつかの著述をものしている。文化十三年の『小倉《おぐら》の花』、文政二年の『伊勢物語作者論』『業平《なりひら》相撲《ずもう》の考』、文政元年の『鎖《さ》狂録《きょうろく》并付録』等がそれである。ちなみに『鎖狂録并付録』の写本の一本に「ノリヨ」とふりがなが施されていることによって「令世」の読みが確定できたのである。また、この時期から第三期に至るころ部屋住みであった敬三郎の侍読を勧めたと推察される。

第三期は江戸から水戸に移るまでの時期である。この期間は和歌関係の学問的業績も多くみられるが、最も重大なのは敬三郎の新藩主擁立に加担したことであり、生涯中の充実期ということができよう。新藩主の諮問に度々応えたことは彼の日記から窺えるが、また継嗣問題の記録として知られる『水の一すぢ』は新藩主斉昭からの提供資料も採用してまとめられた著述である。この時

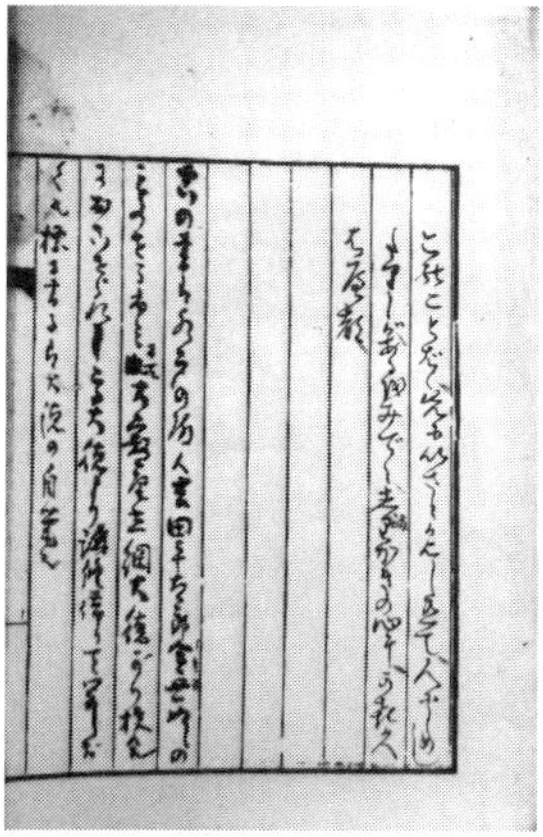

『鎖狂録』末尾

期には第二期から続いて江戸の国学者達と交遊を持ち、さらなる学識を深めつつ、その才を発揮する機会に恵まれていた。また『扶桑拾葉集』註釈にも関与しており、発展期とする。

第四期は再び史館に入るまでで、公の活動がみられない期間であるところから沈潜期とする。しかし、著述と藩外（土浦方面）にも及ぶ歌学指導が知られ、主な著述には、

天保三年　鵜舟《うふね》のすさみ・秋歌合
天保四年　難霊能真柱《なんたまのみはしら》・二拾八番歌合
天保五年　はるのすさび

などがあり、歌学者としての業績を残している。

第五期は没するまでの時期であり、主として史館と弘道館での活躍が知られている。史館では『大日本史』歌人伝を校訂し、弘道館関連では準備業務に関与し、開館とともに助教、そして翌年歌道掛を命ぜられており、これ以前より『明倫歌集』の編集にも携わっていた。また要石の歌についての諮問があり、学問上は『宇麻志美道《うましみち》』と『歴代和歌勅撰考《れきだいわかちょくせんこう》』（草稿は第三期に成立）の二大著述を著しており、円熟期とする。

また、文政年間からは江戸派の国学者である小山田与清《ともきよ》や江沢講修《ときなか》をはじめとして、江戸の伴信友《ばんのぶとも》・佐原の伊能頴則《ひでのり》・三河の羽田野敬雄《はたのたかお》・土浦の良哉《りょうさい》（佐久良東雄《さくらあずまお》）や色川三中《みなか》・小田の長

島尉信《やすのぶ》等との交遊も確認される。

ここで活堂の人となりについて述べておこう。最も代表的なものは東湖の記述である。東湖は活堂の歌学には一目置いていたが、会えば酒を汲み、議論が合わなければ論難し罵り合い、やがて笑って止むというのである。活堂の性格が見事に捉えられていると思われるが、それは立原翠軒に対する厳しい評価や青山延于《のぶゆき》の『皇朝史略』刊行への反対などにもみられるようである（拙著『藤田幽谷のものがたり』Ⅱ及びⅢ）。しかし、一方では国文学方面への学究的な側面と優雅な和歌を詠ずる風流を合わせ持っていた人物といえようか。

三　著述

活堂の本領は学者としての業績である。下級藩士にすぎない身分ではあるが（『江水御規式帳』には十石四人扶持とみえる）、新藩主の諮問に応え得たのは彼の学識のしからしむるところであった。今日、彼の著述でその成立年代が知られるものは次の通りである。

文化十三年　小倉の花
文政元年　鎖狂録并付録
文政二年　伊勢物語作者論・業平《なりひら》相撲の考
文政四年　擬古物語
文政八年　声文私言
文政十一年　之呂考《しろこう》
文政十二年　史談歌話
文政十三年　水の一すぢ

天保三年　鵜舟のすさみ・秋歌合
天保四年　難霊能真柱・二拾八番歌合
天保五年　はるのすさび
天保十年　宇麻志美道
天保十三年　養老の記
弘化元年　歴代和歌勅撰考

このうち、『擬《ぎ》古《こ》物語』以外はすべてではないにしても内容を知ることができる。その他二十数部の著述があるというが、内容をある程度把握できるのは随筆『東琴』（安《あ》都《づ》麻《ま》虚《ご》東《と》）のみである。これらの著述は大きく三分できるであろうから、分類して主なものを解説しておこう。

（一）　根本思想的著述

『鎖狂録并付録』『声文私言』『史談歌話』『難霊能真柱』『宇麻志美道』等が該当する。このうち『声文私言』は文学・考証的性格を合わせ持ち、活堂の学問思想を最も端的に表明しており、本居宣長の『うひ山ふみ』にも比すべき著述である。活堂の著述では数少ない刊行本で、

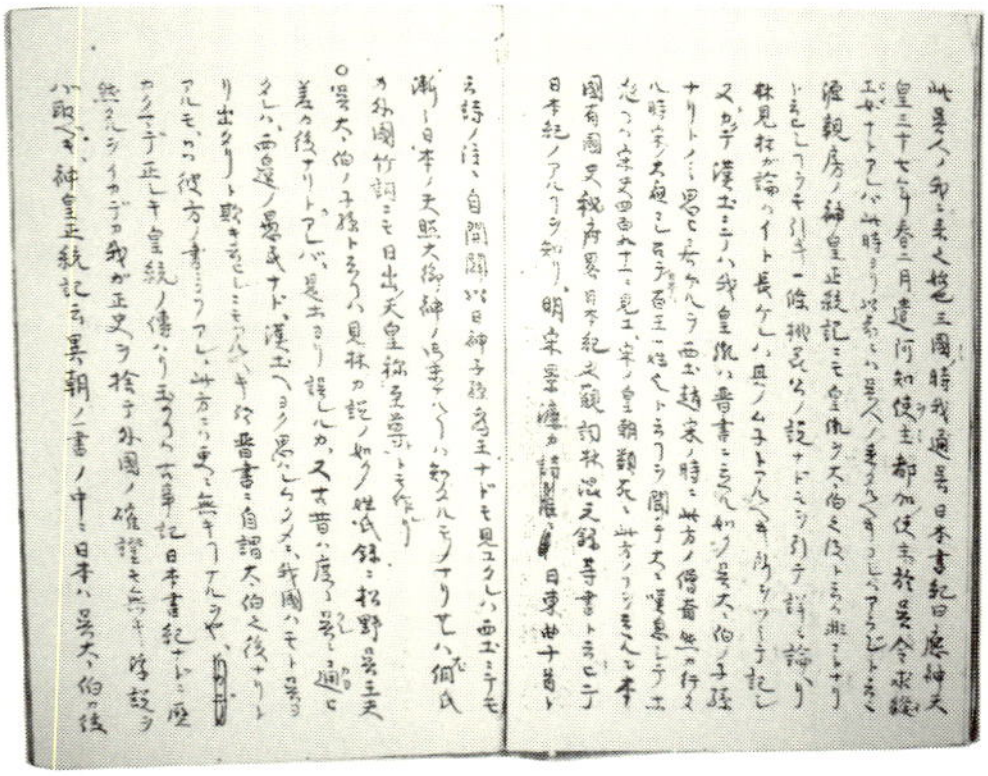

史談歌話

小山田与清《ともきよ》と江沢講修《ときなが》の序及び父愚谷《ぐこく》の跋を持つ。『鎖狂録幷付録』は折衷学派として知られる太田錦《おおたきん》城《じょう》の『梧窓漫筆《ごそうまんぴつ》』への逐条批判を加えたものである。確立期の活堂の国学的思想を窺わせる著述といえる。『史談歌話《しだんかわ》』は小著ではあるが、この著に収められた「奉問くさくさ」という部分に皇胤が呉太伯《たいはく》の子孫であるとの説に対する反論がみえている。この反論が記された文政十二年七月二日はすでに継嗣問題が進行しつつあったから、藩祖の血統を護ろうとする活堂の立場を考えると興味深い著述ということになろう。『難霊能真柱《なんたまのみはしら》』は平田篤胤の『霊能真柱』に対する逐条批判であるが、ただ、冒頭の一部分のみである。特に本文校訂や語法の批判などに特徴がみられるが、水戸学派の史学的立場からのものといえる。

『宇麻志美道《うましみち》』は晩年に脱稿した大部の著述である。国学的思想が十二分に表明されており、宣長的な主張も含まれている。その総論は彼の到達した学問思想を示すものとして特に重要視されてよい。本書に対しては会沢正志斎の『弁宇麻志道』という反論書があるが伝えられてはいないようである。

（二）　文学・考証的著述

『小倉の花』『伊勢物語作者論・業平相撲の考』『之呂考』『鵜舟のすさみ』『秋歌合』『二拾八番歌合』『はるのすさび』『養老の記』『歴代和歌勅撰考』等が該当する。『小倉の花』は「志加《しか》麻《ま》」という冊子を批判した小著である。「志加麻」は「春の歌合」に対する批判書であり、それへの再批判という性格を持つのが『小倉の花』である。

『伊勢物語作者論・業平相撲の考』は著述というよりは小論文といった方が適切であろう。題名の通り『伊勢物語』の作者の考察であるが、業平の相撲に関する否定的考察を含んでいる。『之呂考』も小論文である。諸書を引用して代《しろ》の意味を考察した歴史学的考証であるが、伝来の経過によって色川三中・長島尉信・佐久良東雄等との交遊も窺うことができる。

『鵜舟のすさみ』は文学考証的な歌学随筆である。水戸学派では類似の著述がみられず、貴重なものであり、おそらくは近世国文学史上でも特異の価値を有するものであろう。

『秋歌合』と『二拾八番歌合』は歌合の記録であり活堂が判者を務めている。判詞には彼の歌学的学識が表明されており、近世後期の歌学者としての活堂を位置づけるものといえよう。『はるのすさび』は活堂周辺の歌人の歌を集めた小冊子で、水戸で刊行されたものである。収録は水戸近辺のみでなく土浦や佐原にまで及び、また母友松《ゆうしょう》をはじめ女性の歌も収めており、彼の交遊と地域的役割が窺える貴重な歌学史料となっている。『養老の記』は天保十三年九月二十五日の養老の典に関して烈公斉昭の命によって記された短い一文である。『水戸藩史料』に収録されている。『歴代和歌勅撰考』は文学・考証的著述の代表であって、晩年の大著である。勅撰和歌集である二十一代集の文学史的研究として今日高く評価されている。歌学者としての活堂の業績の集大成ともいえる著述としてよいであろう。早くに『存採《そんさい》叢書』に、また『校注国歌大系』にも収録された。

(三) 記録的著述

『水の一すぢ』『吉田令世日記』の二著が該当する。『水の一すぢ』はすでにふれたように継

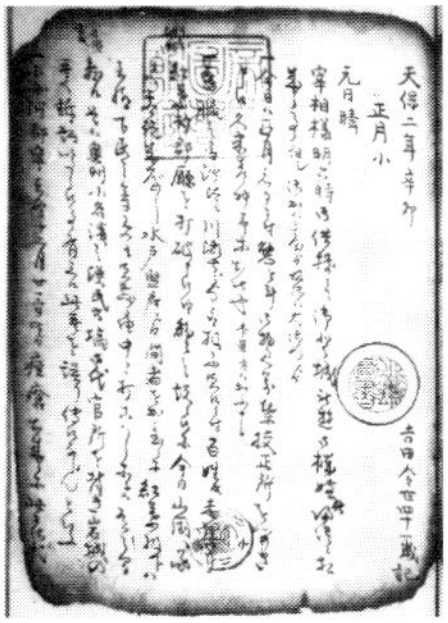

『吉田令世日記』
自筆部分

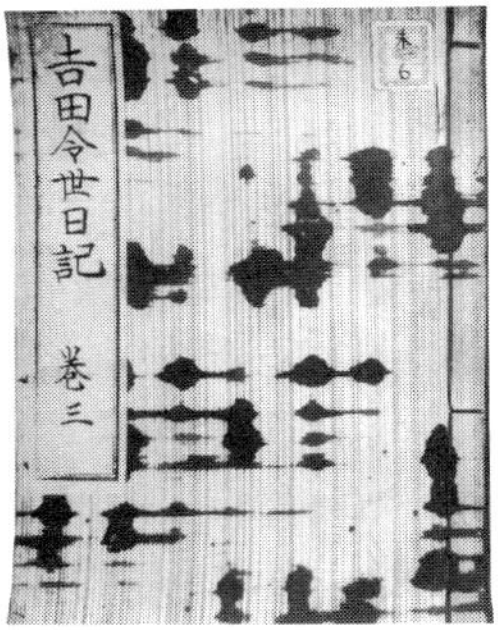

『吉田令世日記』表紙

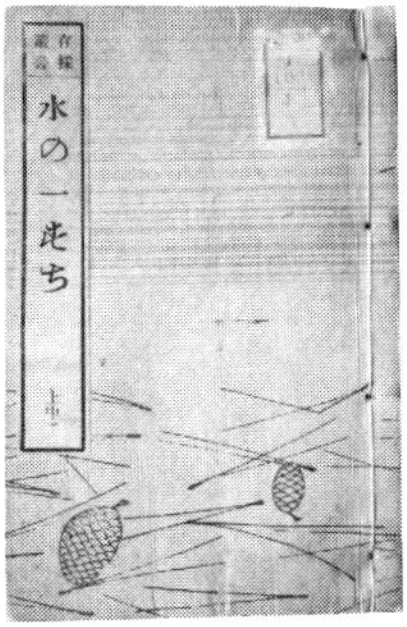

『水の一すぢ』表紙

嗣問題の記録である。『存採叢書』に収録されたことにより、水戸藩政史の研究に貴重な役割を担っている。

『吉田令世日記』は元来は相当の分量があったのであろうが（管見に及ぶ本は五巻で文政十二年十月から天保二年六月にいたる記載となるが、最終の巻は烈公「告志篇《こくしへん》」の写しである。周辺部分の状況から火災に遭ったことが推察される）、継嗣問題の時期を含んだ数冊は火災を免れて国立国会図書館に架蔵されている。『水戸市史』編纂の際には活用されることのなかった一級史料である。なお、「告志篇」は烈公が初めての就藩に際して諸臣に与えた教諭書（施政方針）であるが、その成立と流布については先に詳細を述べた（『水戸史学』第五十一号所載「『告志篇』について――その成立と流布――」）。

他に短文ではあるが、天保七年の「吉田神燈記」（嘉永元年の藤田東湖識語あり）や『水戸学論藪』に引用されている水戸人の気質にふれた文章（書翰の一部）などもある。

大きくは以上のように三分されるが、これらの著述、特に(一)と(二)が同時期に成立していることは活堂の学問思想を考える際に極めて特徴的である。活堂にとって学問の二方向がそれぞれ補完し合って深化せしめられたからである。また、『声文私言』と『宇麻志美道』が烈公斉昭によって伊達宗城《だてむねなり》に国学の書として提供されていることは、この二書の価値を示すものであろう(『徳川斉昭・伊達宗城往復書翰集』収録の嘉永元年八月八日付と十一月五日付書翰)。

このように活堂の生涯や学問を概観してくると、容易に水戸のユニークなる国学者として位置づけることができようし、それはまた、安藤年山以来の水戸学派における国学の系譜に連なる存在であることを意味するであろう。

四　学　問

活堂の学問は思想的側面と国文学的側面の両面から考えてみることができよう。まずは思想面からみると、文政元年に成った『鎖《さ》狂録《きょうろく》并付録』の一条に注目する必要があろう。

今の江戸は日本第一の繁華なれば、西洋人「ケンプル」といへるもののかける、「ペシケレイ、ヒンキ、ヤツパン」といへる書(日本志といふ事とぞ)に、江戸のことを、かくれなき大城なりと美《ホメ》たりとぞ、又払良察《フランス》の都《ミヤコ》把理斯《パレイス》、諳尼里亜《アンゲリア》の都「ロンドン」は天下に比例なき大城なれども、それらにおし並《ナラ》べて、江戸も世界中の大城の例《ツラ》にいるべきよしを、鎖国論の訳者の言《コト》にいへり、

この箇所には江戸を大なる町として褒めた事例として引用されているが、活堂の真意は江戸を褒めることではなく、東照宮の神徳を仰ぎつつも朝廷の存在と天子を敬うことの主張である。それは付録の一条に、

これ真淵いかでかかるたばことといふにか、都《ト》とは、もろこしにては、いづこにまれ、城下

をさして、都と云て、みやこをば京師・洛陽・長安などいへば、都の字は、皇国の、宮所《ミヤコ》の義とは、いささか異にして、漢土にては、城ありて、都邑をなしたる地をば、都といふめれど、わが皇国にては、文字はいかにもかけ、美屋古《ミヤコ》とは、京師に限る言葉なるを、かつかづも、江戸をみやこといへる、いかなるしれごとぞや、

とあって、賀茂真淵が江戸を都ということを非難しているからである（真淵の万葉研究は高く評価している）。水戸学派の一員としての彼の面目躍如たるものがみられよう。

さらにここでは、ケンプル（ケンペル）に注目してみたいと思う。右の引用は志筑忠雄《しづきただお》によって訳された「鎖国論」からであるが、一体どのような事情から活堂は「鎖国論」をみることができたのであろうか。『鎖狂録』は文政元年の成立であるから、志筑によって享和元年に訳出された「鎖国論」が引用されたとしても時間的に問題はない。ただ、文政元年の時点で「鎖国論」は刊行されていないから写本によったはずである。それではその写本はどのようにしてみることができたのであろうか。

小堀桂一郎氏の研究によれば、明治二十四年に発行された『日本文庫』第五編第七冊に収められた「鎖国論」は文化八年に成った小宮山楓軒《ふうけん》本によるものであり、さらにその小宮山本の元本は本多利明の手沢本であったとのことである（中公新書『鎖国の思想』）。おそらく、活堂はこ

の小宮山本によったのであろうと思われる。そこで、小宮山の蔵書目録である『閲書目録』（国会図書館所蔵）をみると、確かに「鎖国論」の書名がみえる（なお、彰考館にも架蔵されていたから、あるいはそれによったかもしれない）。そうすると、活堂は文化八年から文政元年の間に閲覧したことになろう。

小堀氏は「鎖国論」が最初に刊行されたのは黒沢翁満《おきなまろ》（忍《おし》藩の大坂留守居役、宣長の学問を慕い言語論など古学の研究に努める）による『刻異人恐怖伝論』であるとされ、開国以前の直接の反響として平田篤胤の『古道大意』と横井小楠の「読鎖国論」を指摘されているが（前掲書）、活堂の引用は篤胤より早いのである。小楠もまた活堂と同じ箇所を引用していることをみれば「鎖国論」に対する活堂の注目度が窺えようが、それは国学者の先駆的注目でもあったということができよう。

かつて、鮎沢信太郎氏は活堂の蘭学ぎらいを指摘されたことがあるが（人物叢書『山村才助』）、それは『声文私言』の誤読からくるのではなかろうか。確かに好事家の蘭学を批判したり、蘭学者に無識の者が多いと指摘している箇所はみられるが、新井白石の『采覧異言《さいらんいげん》』や山村才助の増訳を評価しており、蘭学に対して強い関心を持っているからである。ちなみに、長島尉信《やすのぶ》は活堂のことを世間では歌詠みとのみ思っているが、大和のことはいうまでもなく「漢学蘭学

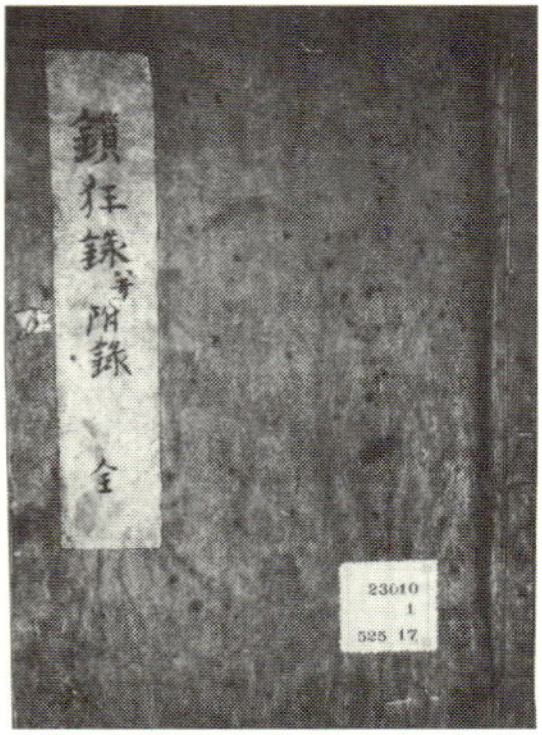

『鎖狂録』表紙

共になみの儒者の及ぶべき量にはあらぬ博学の君にてぞありける」（『戴水漫録《たいすいまんろく》』）と評価している。

なお、『鎖狂録《さきょうろく》并付録』の全文は拙著『水戸派国学の研究』に付録として収めているので参照されたい。また谷本『鎖狂録』（谷省吾教授架蔵）は複写からの判断ではあるが、刊行本との印象を受ける。

○

『声文私言《せいぶんしげん》』は入門書として書かれたものであるから、学問の定義をはじめとして手引きとなる書物の紹介や人物評を織り込んでいる。学問の定義では、

真実の皇国学とは、歌一つよまずとも、我国の道とある道をよく考へ明らめたらむ人をこそ国学者ともいふべきわざなれ。

とし、さらに、

皇国学とは前にもいへる如く、我国の神ながらなる道を考へあきらむる事

とするので、国学的要素を含んでいるといえよう。

また、次のようにも述べている。

むかし我が水戸の潜鋒《せんぽう》栗山ぬし、いまだ京師《ミヤコ》に在しほど、保建大記を著して弾正尹《だんじょうのいん》八条親王に奉りき。また三宅観瀾《みやけかんらん》ぬしも中興鑑言《ちゅうこうかんげん》をあらはされたりき。これらの二書はいささかものにて、中興鑑言は僅に南北朝の間のことをかきたれど、誠に道の道とある所を詳に論《アゲツラ》ひて、いとも正しき金言《マコト》なるものなれば、此心を得ていにしへを考へ今を見むに、漏る事有べからず。されば歌にてもよまむと思ふ人は、常に手習し読べき書なり。かくて此二人のぬしたちなどをぞ、真実《マコト》の皇国学の師ともいふべきことになりける。

ここで活堂は明らかに『中興鑑言』を高く評価し、潜鋒とともに観瀾を「真実の皇国学の師」として位置づけていると思われる。しかし『中興鑑言』は後醍醐天皇失徳論であり、また「歌にてもよまむと思ふ人は、常に手習し読むべき書」と述べているが、直接に歌についての言及はみられず、わずかに天皇の歌才についてふれているだけであるから、歌書としての直接的な役割ではなく皇国学びの根源的な役割をみてとったとしても「いとも正しき金言なるもの」とするのはいささか過大評価のように思われる。

さて、取り上げた書物では国学者のものが多いが、とりわけ本居宣長の十二部が群を抜いており、その他北村季吟の四部、契沖の三部、賀茂真淵と荷田在満《ありまろ》の二部が続く。宣長の場合は、

本居宣長が著は皆有用の物にて（中略）皆皇国の道を道として説あかしたる書なれば、早く

読むべき書なり。

として、高く評価するが、

但し殊の外にから国聖人の道を悪くいひたるなどは、かへりて我が神聖の道にも背くところあり、一とわたり云ひはつべき事にも非ず、見む人心をとめて読べし。

との割注を挟んだことには活堂の水戸学派としての立場が表明されており、藤田東湖や会沢正志斎とも共通する水戸学の国学意識といえよう。

また、書物の取り上げ方にもおのずと差があり、大きくは四段階の分類評価が確認できるのである。例えば最も評価の高い順に一群から四群として評価基準を抜き出すと次のようになる。

一群　必ず常に手習し読べき書・いかにも早くよむべきこと

二群　めやすく読むべき書・必ずよむべき書・極めて有用の書

三群　よみみるべし・めでたきもの・座右におくべき書

四群　時々はよむべき書・事によりて不自由なる事

その他評価の対象とならない書物もみられるが、この四段階にあてはまる書名をあげてみると、一群では『詞の玉の緒』『神皇正統記』『直日霊《なおびのみたま》』『新古今集美濃家裹《みのいえずと》』等、二群では『保建大記』『中興鑑言』『八代集』『六国史』『伊勢物語』『大鏡』『葛花《くずばな》』『異称日本伝』『延喜式』

等、三群では『懐風藻』『保元・平治物語』『平家物語』『春曙抄《しゅんしょしょう》』『和字正濫（鈔）』『東雅《とうが》』『読史余論』『東鑑』『唐宋八家文読本』『文章規範』『園太暦《えんたいりゃく》』等、四群では『輟耕録《てっこうろく》』『日知録』『五雑俎《ござっそ》』等となる。一群の『直日霊』には「取捨の用心有るべし」との注がみえるから割り引かねばならないが、『神皇正統記』には「早く見るべき書なり」「三種の神器の今世に現《ウツツ》にまさしくおはしますことも、此書に見えていとありがたくおもひなりて、涙こぼるるは誠にかたじけなき書なり」と最大の言辞を付加している。全体に歌学書を高く評価してはいるが、『神皇正統記』のような皇国学の書を最上に位置づけているとすることができよう。

また、人物評では大きく三群に分けることが可能であるが、最も重要視したのは潜鋒栗山・西山公・幽谷藤田翁・北畠准后《じゅごう》・舜水《しゅんすい》朱之瑜《しゅ》・菅贈太政大臣（菅原道真）の六名、次に鈴屋《すずのや》（本居宣長）・契沖阿闍梨《あじゃり》・加茂《（ママ）》県居翁等、そして鎌倉殿・関白豊臣公等となっている。明らかに表記は潜鋒以下の六名を重視しており、記載回数からみると本居宣長の八回、賀茂真淵の七回、契沖の六回と続くから近世国学者を重視したことが知られる。

『声文私言』にはもう一つの側面がみられる。それは「宇多《ウタ》は実《マコト》に此の国の言の葉の文章《アヤ》なり」とする歌論書としての性格である。

既に人あれば言《コト》あり。言あれば言の葉の文《アヤ》も必ずありぬべき理《コトワリ》にて、彼の素戔の鳥の尊の

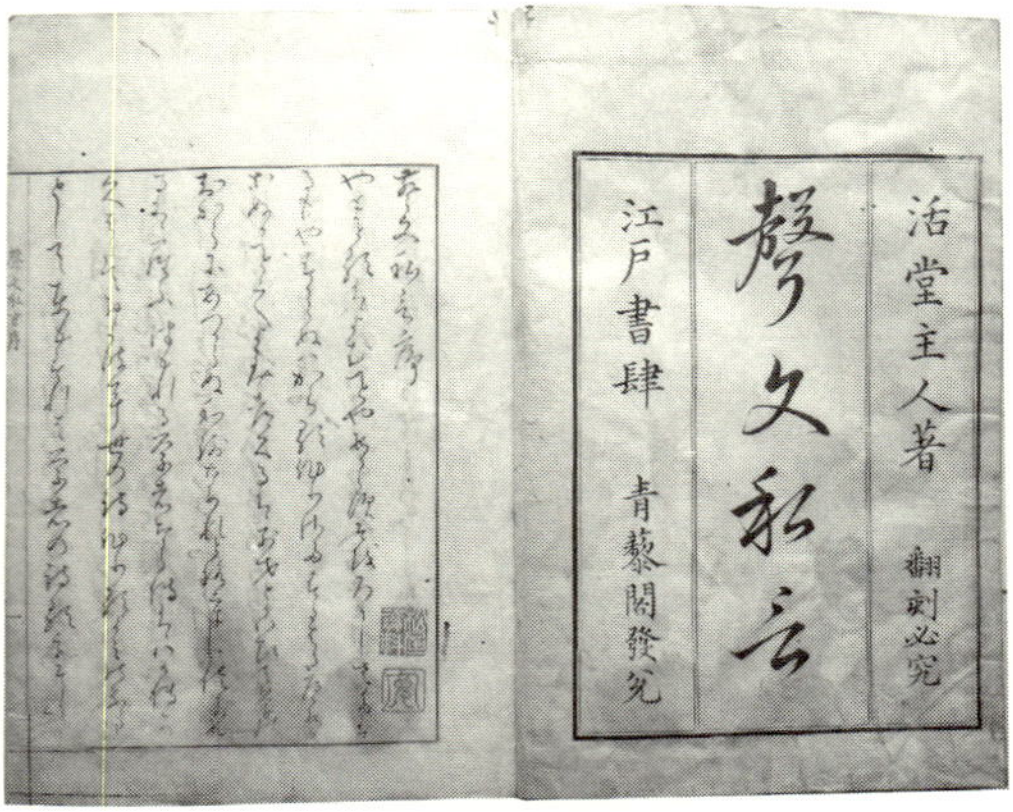

『声文私言』の冒頭

八雲の神詠《ミウタ》も、此の下ツ国の風俗《テブリ》にならひてよみましものにぞ有ける。さてこそ、宇多はもとより此の国のものなりと知らるれ。

このような国文学的側面は佐佐木信綱氏や福井久蔵氏によって高く評価されている。いずれにしても『声文私言』は水戸学における国学的立場からの入門書という位置づけが可能であり、そこに活堂の学問観をみることができよう。

全文は『少年必読・日本文庫』や『神道大系・水戸学』に収録されているが、私も『続・吉田活堂史料』（私家版）に収めた。

○

『難霊《なんたま》能《の》真《み》柱《はしら》』は平田篤胤の『霊能真柱』を批判したものであるが、今日に伝えられているのは冒頭の八条分のみである。逐条批判の体裁をとって、まず書名の批判から始まり、係り結びの語法の誤りを指摘したあと内容に及んでいる。例えば、『古事記』の「古天地未剖」と

『日本書紀』の「天地未生之時」を交えて「古天地未生之時」という新たな文字を作り出しており、また「天御虚空《アマツミソラ》」は記紀にはみえず篤胤の創作であり、これを古伝とすることを非難しているのである。思想史上は注目すべき著述であるが、全文が伝えられていないことは惜しまれる。序文の冒頭は文学的叙述でもあるから若干を引いておこう。

冬こもり春さりくれば、さかざりし軒端の梅もにほひ、なかざりし鳥も来鳴て、人の心もゆたにたぬしきをりしも、しづかにおもほえば、おのが故郷に帰りすむ事もはやく三年になむ成にける。さるは、江戸にありしほどは、いなのめのあしたゆふべともいはず歌人とちをめしつゝ、何くれと物とはせ給ひてしかば、常に言の葉の林には立まじりつれども、ぬば玉の夜のいとまさへものとにはあらずて、あるは、皇国の大みふみをえりとゝのえへらるるかたにも物し、あるは、むかしひらひ集められたるあや詞の巻々の、とけがたきふしぶしを記しつくべきもあり。

全文は拙著『水戸派国学の研究』に付録として収めているので参照されたい。

〇

『宇麻志美道《うましみち》』は我が国に存在する神意に基づくうるわしい道という意味であり、凡例の第一にみえる、皇国学は我大和魂を磨くにあり。大和魂を磨くは漢意《カラゴコロ》を離るるにあり。漢意を離るは、まづ漢意を知るに在り。漢意を知るは、彼国の風俗を知るにあり。故に彼国の風俗の悪き癖を論へり。漢土の事をいとも初めに出せるは此由なり。

をみれば執筆の意図は明らかであろう。大部の著述ではあるが、「総論」にはその主張がコンパクトにまとめられている。その概要は三段からなる。まず第一段は次の通り。

わが国の道は「懸《カケ》けまくも恐《カシコ》き、神ながらなる、たふときし美道《ミチ》」であり、それは「尊神道」にも表れている。神道は具体的な人の道であって「神の始め給へる、うまし道にして、祖宗《ミオヤ》の神を、祭給ひ、君を敬ひ、父母を尊び、妻子《メコ》を慈愛《ウツクシ》むより、他《ホカ》は無《ナカ》りき」とし、漢土にはわが国のようなものはない。しかし、「聖人の教といふ物」や「それの経書《ケイショ》といふ物」があり、それがわが国の「神道を翼《タスク》べき教になむ有ける」ものとして尊ばれてきたのであるが、一方では弊害も生じてきた。それは漢籍を読み習うことによって心が漢意に染まって大和魂を忘れ、何でも漢土のことをゆかしく慕わしく考えてきたからである。その結果、「彼の経書といふ物も、教も、歴世《ヨヨ》の鑑となりて、其の国万の国に勝《マサ》りて、甚《イト》よろしき国なり」と思ってしまう。これは「いと固陋《カタクナ》しき、僻見《ヒガココロエ》」であり、わが国と漢土との国柄の相違を理解しないところからきている。だから、「我が大御国には、君の位を、臣に譲るなど、いふことは、神倭磐《カムヤマトイワ》余彦《レヒコ》天皇の御世より、今に至るまで、さらになきわざなれば、堯舜は、たとへ聖人にもあれ、其の禅代の跡などは、我御国には、用ひ難し、との意なるべし」ということを弁え、西山公（義公）もいわれたように漢土は革命の国で「世を欺《アザムク》なる、甚無状《イトアジキナ》き、国がら」であることを知るべきである。

第二段では国体に言及している。国体を知ることを基盤として学問をしなければならないが、この国体を知ることは極めて難しい。漢土の国体を知っている者でもわが国体までは知らない。それは幼い時より、大学をはじめとして四書、六経、十三経、二十一史、その他を学び、わが国に生まれても早くから漢意に染まり、何とも思わない。却って「書紀などを、読見るに、もろこしの書《フミ》とは、いたくたがへるふし多かれば、あらぬたはぶれ言《ゴト》、とひたすら、思ひはなち、何事も、漢意を本として、見るから、此方《コナタ》の事の、からさまに似たるを悦び、似ざるをば非《ヒガ》ことなりとぞ、思ふ」のである。わが国体を知るためには「六国史、律令、格式より、家々の記録、ふるき物語ぶみ、万葉集、などを、あけくれ、手も釈《ハナタ》ず、読見むは、もとよりの事なれども、暇《イトマ》あらば、漢籍《カラブミ》も、秦漢より以前《ヲチツカタ》の書を、よくよく読見て、聖人の教といふものは、とあるもの、漢土の国体、人情風俗は、かかるもの也、といふ筋を、熟《ウマ》く心得わくべき」であるとする。

第三段では、漢学者がわが国の神代に関して「いかにもあやしく、奇異《クスシ》き事なれば、是を人の代の理《コトハリ》に校《クラベ》ては、さらに得有るまじき、すぢなるに依て、皆から浮慮《ウキタ》る事と、あぢきなく、いひ放つ」ことに対して、「神代の事は、限りある凡人《タダウト》の智《サトリ》を以て思ひはかるべき」ことではないとする。漢土にも「甚《イト》も怪事《アヤシキ》」は確かに存在するのであり、孔子も恠力乱神は語らなかったけれども無之《ナシ》とはいわなかった。だから、「是れ皆高皇産霊《タカミムスビ》神、天照大御神のなし給ふ御事《ミワザ》にしあれば、更に限りある人の、智慮《サトリ》の及ぶところに非ず」と宣長的な考えを表明しつつ、「我神代の事を、怪異《アヤシ》とてないひけらそよ」と戒めたのである。

このような主張をふまえて、以下巻二から巻九には具体的に個別の問題に言及しているのである。一例として漢土批判の項目を示すと、

西土《モロコシ》悪風俗

堯の天下を舜に伝へたるにて風俗のあしきを知る

漢土人は女に謡《タハク》る癖もはらなり

漢土人は火の穢《けがれ》を知らず

西土には臣として君を捨て去る習あり

のごとくである。この項目からも窺えるように聖人批判と革命批判には宣長的なものがあり、

特に宣長の『葛花《くずばな》』、また平田篤胤の『呵妄書《かもうしょ》』と通ずる。このような主張が後年会沢正志斎からの批判を引き起こすこととなるのである。

なお『宇麻志美道』巻一は『勤王文庫』に収録され、私も『吉田活堂の思想――江戸後期水戸の国学者――』に収めた。

○

次に国文学面をみよう。早くに『小倉の花』にも国文学的学識がみられるが、後年の歌学随筆である『鵜舟《うふね》のすさみ』から取り上げてみよう。『鵜舟のすさみ』はすでに国文学界では佐佐木信綱氏・久松潜一氏・大久保正氏等によって注目されているが、文学史的価値を示すのは次の一節である。

江戸にありて歌に後の世のあしきく世をやぶりたる戸田茂睡《もすい》なれども、その世に用ひられず。近き世には真淵をぞさかりなりといふべき。よりて思ふに、真淵はいにしへの事をも歌をも文をもよく心得て、いにしへの事をも歌をも文をも能く解き、みづからもよみもかきもしたる、実にめでたく打あがりたるものなり。

戸田茂睡に関しては佐佐木氏は『歌学論叢』にこの箇所を引用するとともに、板垣宗憺《そうたん》にふれた条で「墓は浅草金龍寺にあり（茂睡が墓のむかひなり）」とみえることをも引いて活堂の業績を紹介している。

また、佐佐木氏は『改訂日本歌学史』に「和歌に関する記事多く、和歌史上、参考に資すべきふし少なからず。歌論としては、時勢と和歌との関係に触れて、俊成定家の歌風を以て、当時皇威衰へし時勢の風を伝へて弱し、といへる一節、注意すべし」と述べている。

久松氏は『国学・その成立と国文学との関係』に浅草金龍寺の箇所を引いて水戸との関係の存在を推察している。大久保氏は岩波講座の『日本文学史』第九巻近世収録の「近世の和歌・歌論」で松永貞徳にふれた条を引いて「この観察は、詞章・考証を事とする国学者を排し、道義の主張を国学の眼目とした令世の言としては注目に値する公正な観察であり、正鵠《せいこく》を射あてていると思われる」と述べている。このような評価をみれば『鶉舟のすさみ』の価値は明らかであるように思われる。

ところで、先の一節の後半に関してであるが、ここでは賀茂真淵が世に持てはやされているとし、また歌文に優れているとする。しかし、『鎖狂録并付録』でも批判が窺えたように決して無条件に真淵を讃えたのではない。批判も少なくないのである。

所謂《いわゆる》古学家にては、よみ歌文章ともに真淵か右にいづる者はあるべからず。されども、余りに詞をいにしへに求めずして、物の註釈などにはうまくいひおほせぬ所もあり。または然あらぬ事をも強ひておしたわめて説なす所もありて、契沖宣長などがこまやかにねもごろに人の耳に入る様に出たるに合わせて見れば、真淵はおだしからずぞおぼゆる。但し、宣長などが説にも強ひたる事もあれども、詞はなほやすらかにてあしきながらもよくききとらるるなり。されば、真淵はおもてをいからし声を高くしてかよわき物をおとすに似たる事あり。これをかの徂来《(ママ)》などにやなぞらふべからん。

この部分には契沖や宣長との比較がみえ、また徂徠の類としたのであるから明らかに活堂の厳しい批判が読み取れよう。

もとより『鶉舟のすさみ』はこのような批判ばかりではない。国文学的考証の一文も含まれているのである。例えば『万葉集』第二にみえる「移葬大津皇子屍於葛城二上山之時大来皇女哀傷御作歌二首」の一首め(一六五)に関する考察を指摘しよう。

うつそみの人にある吾や明日よりは二上山を汝背《なせ》と吾が見む

読みは澤瀉《おもだか》久孝氏の『万葉集注釈』に拠るが、活堂が引用する原文は、

宇都曽見乃人尓有吾哉従明日者二上山宇弟世登吾将見

であり、この中で活堂は「弟世」の読みについて言及している。それは契沖の代匠記、真淵の万葉考にイモセとしていることに関しての異論である。活堂によれば、印本飛鳥井本を含めて

契沖も真淵も誤りであるとして、

其の故は古語には姉より弟をさしても那勢とぞいひける。依てここをもナセとよむべし。弟世と書たるは世もしあまりたるが如くなれども、必ず是をナセと読ませんが為に添たるもの也。さる例あまた有り。

と述べ、書紀神代巻から「天照太神のわさ弟の尊の御事をのたまふに弟世をナセと点ぜり」という例を提示する。そして、以下のように論証するのである。

是は真字《マナモジ》をもつてまさしく那勢と書ければ、御弟の事を姉の女神のナセとのたまへる明証にて、書記《(ママ)》神代の巻に弟をナセと点じたると古事記に那勢といふ事を暁るべし。されば、此歌も二上山を那勢とわれ見むと訓むべし。イモセとわれ見むといひては、文字を余り句調もよろしからぬうへに、既万葉集第九には著向弟乃命《ハシムカフナセ》と云ふをば弟《ナセ》と点ぜり。即《ヤガ》て古事記の那勢之命《ナセミコト》といふ詞に同じきや。

ナセの読みに関しては澤瀉氏も同じであり、諸説を検討しながら（残念ながら活堂の説には及んでいない）次のように述べられている。

一方「なせ」の「な」は汝の意と思はれる事前に述べた如くであるが、これも愛称に近い用ゐざまである。さうだとすれば、「いろせ」も「なせ」もほゞ同様に認められるものであるが、「いろ」の方は「いろせ」をはじめ「いろも」「いろと」「いろは」など「いろ何」の語が集中には一つも用ゐられてゐないに対して「な」の方は既にあげたやうに「名兄《ナセ》」「奈勢《ナセ》」をはじめ「奈弟《ナオト》」「名姉《ナネ》」「那迩妹《ナニモ》」の如く用例が多く、又イロセと訓めば八音の句となり（中略）ナセと訓めば七音の句となつて音調も整ひ、イロの二音を加へるよりナの一音を加へた方が自然であり、二上山に相対した呼びかけとしても「なせ」の方が表現の直接さが感ぜられる。以上二三の理由から今はナセと訓む事とした。（『万葉集注釈』巻第二）

こうしてみると、活堂の考察は実に見事なものであって十分に研究史に意義づけられるものといえよう。

○

『歴代和歌勅撰考』は二十一代集の基礎的研究として高い評価を得ている。早くに注目されたのは藤岡作太郎氏であるが、『鎌倉室町時代文学史』の随所に引用がみられる。特に「和歌所の再興」に関して、

　勅撰考に「是はかならず撰歌の為のみに非ず。彼の翰林院弘文院などの類になぞらへて、此所に時の歌よみたちをつどへ置れんがためなり。さて新古今集も此和歌所にて撰ばしめ給へるなりき」とあり。（中略）その後も定りたる和歌所といふもなく、定家の子孫の勅撰

にかかはる人の宅を和歌所と号せしが如し。今一々その例をあげず。勅撰考等を見るべし。

と巻六からの引用して述べられている。その他、『万葉集』研究における義公光圀を高く位置づけ、古今伝授への批判や『新葉和歌集』の研究などには注目すべきことが多い。一例として巻五の『新葉和歌集』の考察を掲げてみよう。

按ずるに、新葉集の歌はその人もみな世の中をひきかへさんとかまへられたる人々にても、歌も其事にあづかりたるがおほく、いづれもとりどりにをしくたけくもいさをしくもある歌にて、ほかの集とはことなり、又この序の詞もかの俊成定家などのかかれたるよりは、遥かにたちまさりていとめでたしとみゆるは、あやしきまでなり。後亀山天皇の勅撰に准へたまふもうべならずやは。

特に注目されるのは選定の動機に関する考察である。

按ずるに、続後拾遺は為藤卿の撰にてその薨られてのち為定卿えらびつき、新千載は全く為定卿一人にて撰れたり。されば、是らの集に入らんの御心にて宗良親王御みづからの歌千首を為定卿に贈られしなるべし。さるは、此親王の御母は為世卿の女にて為定には伯母にあたり、為定と宗良親王は従父昆弟なれば、御したしみも一かたならざりしを、猶足利将軍などをはばかりて北朝の撰集には入れ奉らざりしなるべし。いとこころうきわざぞかし。

活堂の歴史観をも窺える見解であるが、重要な指摘といえる。藤岡氏は、これによって、

①風雅集に南朝の人々の歌が撰に入らざりしを憤りて、この集を撰まれたという説

②風雅集のみならず、新千載集、新拾遺集にも自己の歌が載せられざりしを憤りてこの集を撰まれたという説

に分類され、岩佐正氏も動機論として高く評価されている。

このような研究状況をみれば、窪田敏夫氏が『王朝和歌史論』に「近世に至つて、水戸の学者、吉田令世《よしよ》の著、歴代和歌勅撰考六巻は勅撰集の解題に詳細をあげて努力した名著である」とされたのも当然のことであろう。蛇足ながら「よしよ」はノリヨとすべきである。また、後藤重郎氏編『勅撰和歌十三代集研究文献目録』の第一編は近代以前の研究を網羅したものであるが、そのすべてにわたって『勅撰考』から主要部分が抜粋掲載されている。

なお、位置づけは異なるが栗田寛博士の『天朝正学』にも巻六の「勅撰盛知衰運」からの引用がみられることを付加しておこう。

以上によって『勅撰考』の価値を十分に察することができよう。全文は『存採叢書』及び『校注国歌大系』第四巻に収録されている。

○

『常陸国風土記』に関する研究は、西野宣明校訂の『訂正常陸国風土記』に頭注としての引用が知られるのみで、まとまったものとしては伝えられていない。頭注は十一箇所に及ぶが、研究史上もっとも重要な箇所は

令世云く、古本将門記に曰く、常陸国信太《しだ》郡箬前津《えのさきのつ》に著くと。蓋し箬前津の古名は榎浦津《えのきうらのつ》、即ち今の江戸崎是也

という一条である。これは榎浦津の所在が江戸崎であることの考察なのであるが、『将門記』に注目した早い例として評価すべきものといえる。研究史上は様々な説がみられるが、榎浦流海を小野川流域（霞ヶ浦から南流する川）から浮島《うきしま》・阿波崎《あばさき》（稲敷市域）を経て利根川流域にいたる広汎な地域に比定すると、これまでの疑問をすべて無理なく解釈でき、同時に活堂の主張を援護することともなるのである（『茨城史学』第二十五号収録「吉田活堂の常陸国風土記研究」）。

○

「伊勢物語作者論」は倉野憲司氏によって紹介され（『上中古文学論攷《こう》』）、「勢語成立論としては、かなり見どころのあるものである」と評価された。田中宗作氏の『伊勢物語研究史の研究』によれば活堂は「先注として、臆断《おくだん》・古意・宣長説・師説などをあげている」という。研究史を

たどりながら、自記説と非自記説を評価しつつ、成立は古今和歌集に依拠しているとの考察である。私は「師説」は大寂庵立綱《だいじゃくあんりゅうこう》のことではないかと思う。著述というよりは小考とすべきではあるが、近世研究史の一画を占めるものといえよう。

なお、全文については本書の附録二を参照されたい。

五　和歌

和歌は国学の最も重要な要素である。それは国学の核ともいうべき部分を古典研究と位置づけ、国学をして国学たらしめる中心要素を歌学と考えるからである。そこで活堂の和歌の若干をみることとしよう。まずは、架蔵の自筆断片であるが、記載の形態のままに紹介してみよう。遺憾ながら詠じた状況はわからないけれども、優雅な筆跡からはいかにも活堂らしい歌であると思われる。

彰考館の庭なる
桜のさかりにさけりけるを
みて　　　　　令世
雪とのみ
まがふさかりの

花がもと
ひらきし
ふみも
よそにこそ見れ
卯花咲る垣ねに女車
よせたるところといふを
題にて
女
時鳥きくをよすかに卯の花の
さける垣ねはやりもすゞまず
男かへし
我妹子かくるまはかりは
花うつきつき〳〵しくも
鳴渡れ鳥
雨過る雲間の虹や夕たちの

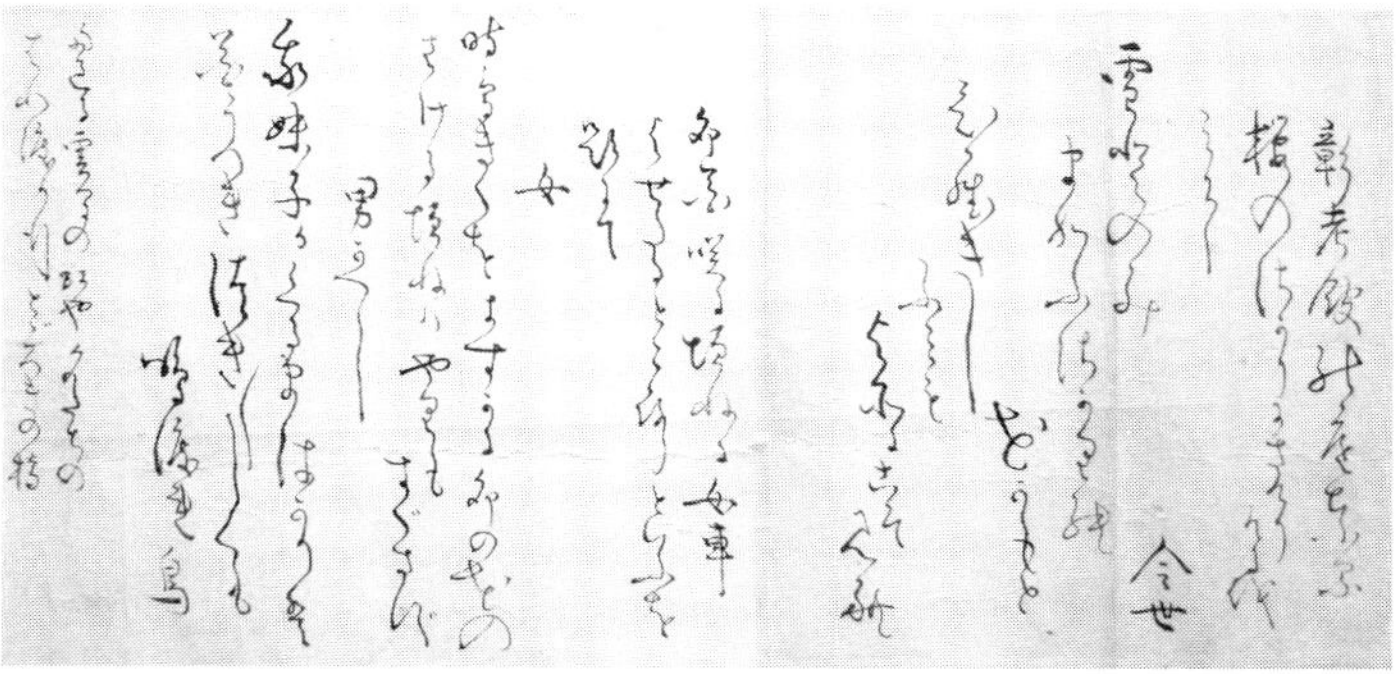

47　五和歌

はれ渡り行とゞろきの橋

次に自筆書簡を紹介しよう（読み下し）。

此間は御手簡下され、別而忝《かたじけな》く
存候。仰せの如く先達而は早々御意を得
遺憾至極致候。先以て今明御
安全御消日成るべく珍重之御儀
御坐候。此方無事に御坐候。久々
にて玉詠実に感吟致候。即
御かへし

　聞もうしつみし春べは
むかしにてへたて住れの花
のたよりは

雅文ぬし　　　　令世

　三月四日

墨田川の花御目に懸け申候

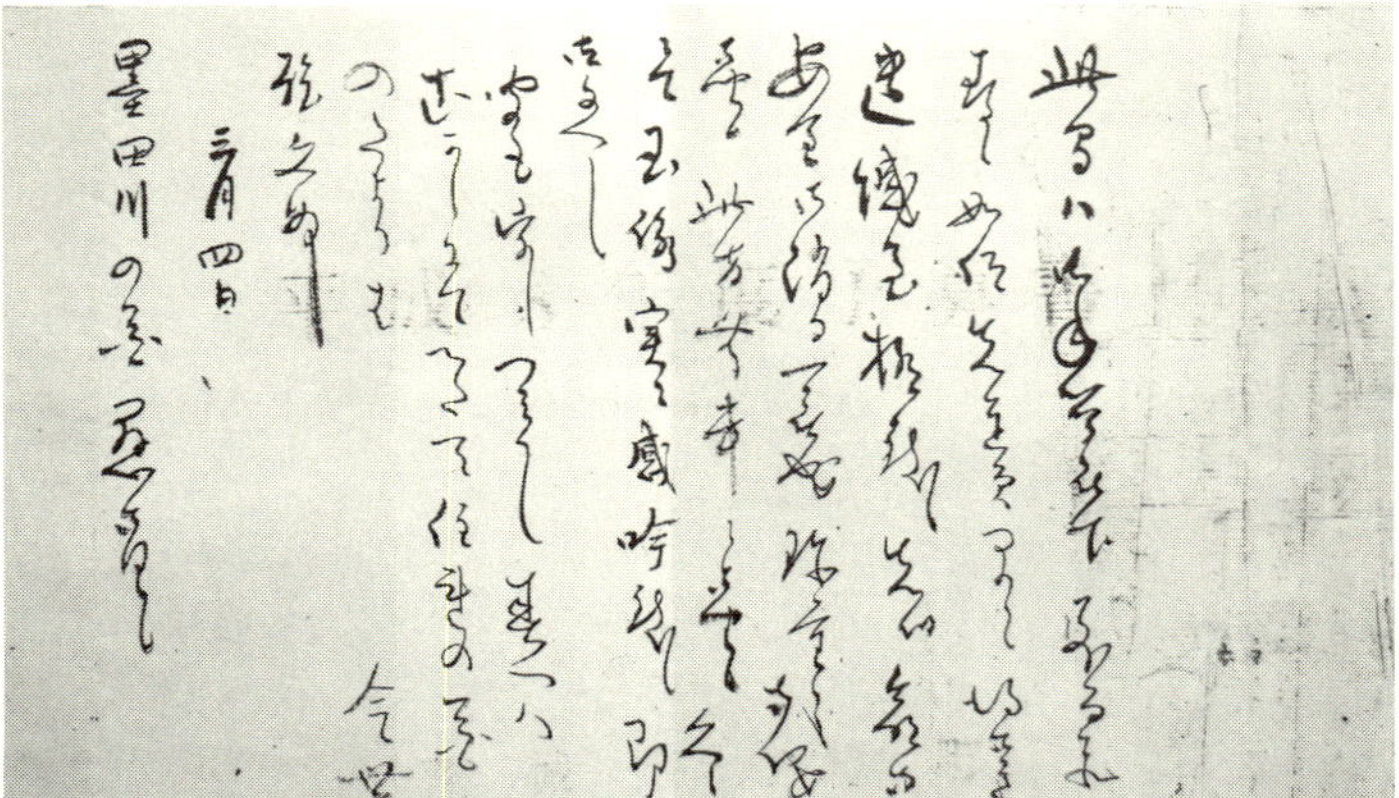

宛名の雅文は栗田彦六、『大日本史』の掉尾《とうび》をかざる栗田寛博士の父である。活堂が編集した『はるのすさび』に三首がみえるほか判者を務めた『秋歌合』や『三拾八番歌合』にも登場し、また『類題衣手集《るいだいころもでしゅう》』にも収録され相当な歌詠みであった。栗田博士の「栗田彦六雅文墓表」に「与吉田令世、杉山忠亮親善」（照沼好文氏『栗田寛の研究』、墓表は六地蔵寺に現存している）、『天朝正学』に「我が父執《とも》なりし吉田令世」とみえ、活堂との交遊を窺うことができるが、このような手紙のやり取りは多く存在したのであろう。末尾の「墨田川の花懸御目申候」からすれば、江戸在住の時分の書簡であって水戸の雅文に贈ったものであろう。年代を確定することはできないが、文政年間であろうか。文面からも知られるように、この手紙の目的は返し歌を贈ることにあった。この一首はスミレの花を詠んだものであるが、文末の「墨田川の花」に関しては『丹就道詠草』に収録の次の一首も指摘できよう。

　吉田令世のぬし花の盛に隅田川にせらえ（ママ）
　うし侍りてあまた歌よみてこれもてそ
　の日の有さま思ひをこせよといひをこした
　たれ（ママ）ば
波のあやを花の錦におりかけてふたえにかすむ隅田河原か

この丹就道《なりみち》（活堂の妻は就道の姪にあたる）の歌がいつ詠まれたのかはわからないが、就道が亡くなった文政八年以前であることは明らかである。ただ、詞書からはその時期を断定することができない。詞書の「その日の有さま思ひをこせよ」からすれば、後年のことと推察されるからである。活堂が持参した「あまた歌」をみて、おそらくはともに墨田川の桜を愛でたことを思い出して詠むことになったのであろう。丁度、花の盛りの時節だったのである。

ちなみに先の書簡も『丹就道詠草』も吉成英文氏からのご提供による（詠草は『幕末の水戸歌壇・其八』に収録。就道の伝記については『常陸の社会と文化』収録の「丹就道とその歌学」を参照されたい）。

また、宇留野弘氏の『懐古燈――わが家の歩み――』に収録される活堂の詠歌のうち三首が隅田川にちなむものである。

去年の春故郷にかへり住まいその

後「　　」におとづれもなかりしを

正月に成て年立かへるよろこびな

どいひおこせられたる紙のしりに

墨水風光労遠夢　故園春色慰吟魂

などいひおこせられければ其かへり

ことにかくなむ

故郷に春まちえても隅田川

すみにし花の蔭やこひしき

路ふれてなれにし花も心あらば

はるのゆめ路に君やこふらむ

末尾に「正月の末はかり　吉田令世」「宇留野のぬしへまゐる」とみえる。宇留野氏（静巷《せいこう》であろう）に贈った返し歌であることは明らかだが、詞書冒頭の「去年の春」はいつのことであろうか。江戸から水戸に帰ったことには疑いないが、小普請組に編入されて水戸に移った天保二年とは確定できない。天保二年は『鶉舟のすさみ』にも「去年の秋故郷にかへりきて見ればとみえる通り、秋のことだからである。どちらかが間違いとすれば、秋は他に傍証記録があるから春ということになる。あるいは全く別の機会であろうか。

墨沱川の花を見て

ふりぬとも身をば歎かじ春ごとに

老いてさかりのます花もあり

この三首めも江戸で詠んだものであろう。隅田川の花にわが身の境遇を映して振り返る姿に何かしらの哀愁めいたものを感じさせる。天保二年秋の帰水以後、桜の季節に江戸に上ったことは確認できないから、隅田川の花見は天保二年が最後だったと思われる。その頃の詠とすべきであろうか。ただ、「東湖遺稿」収録の天保八年の詠の題詞に、

二月二十二日、平坦と同《とも》に東山に遊ぶ。時に桜花、未だ開かず。

とみえるので、「東山」が東叡山とすればこの時期彼は東湖とともに上野に遊んだことになる。また、この年二月二十四日東湖とともに伴信友に会っているが、これはもちろん江戸においてであろう。

なお、朝比奈泰吉編『類題衣手集』（明治三年刊行）に、

角田川の花見にまかりて

さきつゝく枝ながらこそかざしつれ花の中ゆく春のもろ人

という一首が収められていることや東湖の弘道館創設に関する意見書に「吉田平太郎申聞御座候は、梅は好文木には候へ共、元来西土より渡り候品にて御座候ゆへ、孔廟の廻りへは梅林、神社の廻りへは日本にて自慢之山桜御植立に仕度旨申聞御座候」（『東湖先生之半面』、平太郎は活堂の通称）とみえることにも活堂の桜花に対する感慨が窺えよう。

さて、『活堂歌集』なるものがあるというが管見には及んでいない。最もまとまったものと

しては『類題衣手集』に収める歌群があるが、都合五十一首が収録されている。若干を掲げて歌詠みとしての一端を窺ってみよう。

たちよりて花ゆゑ老ぞなげかるゝわかきは人も匂ふばかりを

「花下言志」の題詞で詠んだ歌であるが、先に掲げた隅田川の歌と通ずるようにも思われる。

たなばたの枕のちりをはらふべくこよひあふぎの風やかさまし

これには「七夕扇」の題詞がある。

秋ふけて閨《ねや》のひまもる月かげもまくらにほそきむしのこゑ哉

題詞には「枕上虫」とある。「鴫《しぎ》」と題する次の詠は吉成氏所蔵の断片にもみえるものである。

くれにけり山田の沢をたつしぎの羽おと斗りを霧に残して

「恋」の歌もある。

たもとさへ中にうとしとかいやりてあふうれしさを何につゝまん

ともに見しまがきの菊もこぬ人の袖にまがふはうらめしきかな

次の歌には「勿来の関の花石といふをみて」との題詞があるから、実際に勿来の関に佇んでの詠《えい》であろう。

道もせにこれやさくらのちりひちのつもりてなれるいはほなるらん

また次は題詞に「世継の君のさたまりたまへる年のくれに」とみえるから文政十二年の詠であろう。「世継ぎの君」が烈公斉昭を指すことはいうまでもあるまい。

　こがらしのこゑをさまりて筑波山今こん春のかげをこそまて

次の歌もやはり断片に記されたものであるが、折にふれての詠ということができよう。

　長月九日雨ふりける、又の日宜賢のあるじの家にとぶらひて酒のみけるに、日うららかに晴れて籬《まがき》の菊おもしろかりければ

　おくれても時は有けりふる雨の晴てくもまにけふのませ菊

宜賢《よしかた》は吉沼村庄屋の福田氏であるが、歌詠みとしても知られる。

　妻こひにみだれし鹿のたちとかはあさ霧なびく小野の萩原　令世

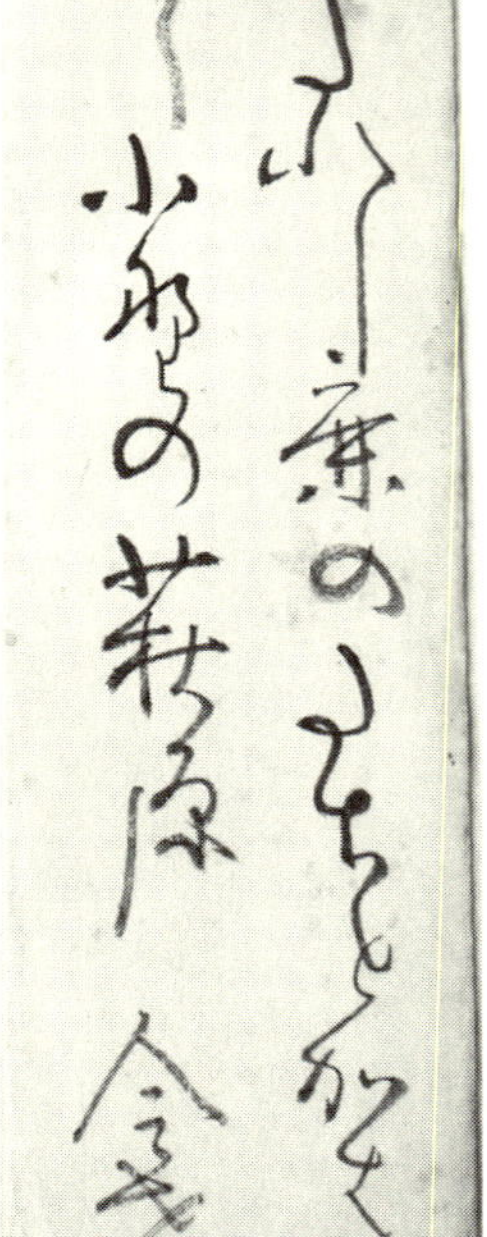

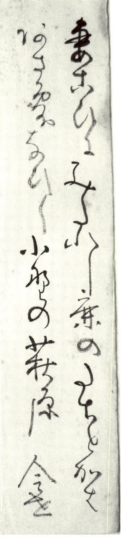

令世短冊

○

歌人としての活堂を取り上げる場合には、歌合における判者としての役割に言及しないわけにはいかないであろう。

まずは『秋歌合』続冊の二番を掲げてみよう。題は「深夜虫」「里擣衣《とうい》」「月前恋」である。

左は母友松《ゆうしょう》の歌。

ふくる夜を思ひかねてやきりぎりす鳴音さびしき秋のころ哉

右は岩田時純《ときずみ》の歌。

かき絶ておとづれもなきくさのとに鳴音ふけゆく筆つむし哉

この対決に活堂は左を勝とした。その判詞は次の通りであった。

左ことによろしきにはあらねど、かくもあるべきことなり。但し二の句に、てやと有て、結句哉とあるは、てにをはたがへり。や、あたれ、いかに、ぞ、などのかゝりにては、哉とはとぢめぬ格りなるをや。このころとあるべきなり。

いわゆる係り結びの議論であるが、母の歌だからとて歌学上からの批評を緩めることはなかった。時純への判詞はさらに手厳しい。

右は寄虫恋の歌なるべし。題にかなはずとやいはむ。筆つむしは、かきたえての、縁はあれども、是もこと様なる、名なるべし。かうやうの歌を、歌合にせんとおもはれたるは、いかなる心ぞや。かくて勝なん事は、百に一つも、あるべき事にあらず。よくよく心して、よみねかし。左させる歌にはあらねど、筆つ虫をば、猶かきつくべきものなり。

要するに題に合わず、百に一つも勝はないというのである。

続いて四番も同人の番《つが》えである。左は友松の歌。

ふきおくる軒ばの風も身にしみて夜さむのさとに衣うつ声

右は時純で、勝とした歌である。

あはれなり月の光りもをぐら山麓のさとに衣うつ声

判詞は次のごとくである。

右ふきおくるは、砧《きぬた》の声を、吹送る心なるべし。されども、軒端の風といふ事、松とか竹とか、あるは、山風など丶おかずして、唯風の軒端を過きたんは、殊の外なる大風ならでは、まづは軒端に風のおとなひは、なきものなれば、この風、すこしよせなく、きこゆるなり、

右よろしくきこゆ。小倉の、月の、打くもりたらん、折しも、麓の郷に、きぬたの声の、ひゞきらんは、げにあはれふかゝりぬべし、よき勝にて、はべるべし。

軒端の風に対する解釈はなかなか理論的である。時純の歌は二番とは違って評価はかなり高い。なお、時純は活堂の門人である。

○

『鵜舟のすさみ』巻二の冒頭に、次のような記述がある。

いづれの年にか有けむ。今の宰相中将の君のいまだ故中納言の君のおとゝと聞えさせて亀の間すませ給ける比、きさらぎばかり、和歌の会せさせ給ふことありしに、御狩衣をたてまつりて、人丸の影より左の方に円座物しておはします。鈴木石見守重矩も狩衣きてまゐれり。その外の人々はみな布衣をつけてつぎつぎに並居たり。文台へ和歌をかさぬるわざも、下よりかさねて講師読師なども定められ、披講のをりは楽を奏しつ。おのれは講師になされければ、その円座にもつきたりける

「いづれの年」は実は文政十年のことであり、二月七日に実施された歌会を指すのであるが、この時の記録が『和歌御会始《ごかいはじめ》の記』(彰考館文庫蔵)である。公子は敬三郎(斉昭)であり、この歌会の兼題は「春柳風静」であった。次第や役割分担も決められていたのであるが、活堂(記録の記載は令世)は講師を務めた。兼題の歌は敬三郎はじめ三十首が収録され、その他十一首がみえている。

活堂の歌は、

きぬきぬの寝みだれ髪の面影の朝風しめり玉のを柳

であり、「神祇」と題するその他の歌は

東路の国のしづめと霰ふりかしまの宮の神さびにけり

であった。

ここでは歌合と歌会の二例を紹介したにすぎないけれども、水戸藩における歌学と活堂の役割と学識を十分に確認することができたのではないかと思う。

○

活堂の和歌は断片的に伝えられるのみであるが、その中で「無辺亭八景和歌」なるものが伝えられることは貴重である。その成立事情は不明ではあるが、活堂をはじめとして脩美・通久・関先民の四名が「閑園黄鳥」「幽村桜花」「南畝耕夫」「清渓乱蛍」「松間山月」「山逕帰悲」「林巒積雪」「鼓台暮靄」の題で詠まれた一首ずつを収めている。活堂の詠を順次かかげてみよう。

吹風もさそはぬ花の枝にきてあるじかほなる園の鶯

さく比《ころ》は山郷人のこころさへまつ立とまる花の下道

はた打と花にはそむき春の日にむかふ方よりすきかへすめり

たにがはに誰あつむとかおり立てふみ見る瀬々にみだれ飛らん

山むろに松のひまもる月影をいく秋やとの物と見るらん
みやまぢをおのがつま木と負つれてやすくもともに帰る杣人《そまびと》
かの見ゆる嶺までつもる白雪は雲よりふれる山にさりける
梓弓矢なみつくらふあと見ればいり日のかげぞけふはかすめる

また、次に掲げるのは『水戸藩志士遺墨集』に収録の和歌である。詞書には「四十八になりけるとき春のはじめによめる」とみえるので生涯の第五期のはじめにあたり、史館勤めの頃の詠である。

春霞たつとし浪もこよろきのいそぢにちかく老にける哉
おいにける身もわすられて正月たつ春のはじめは嬉しかりけり
うれしとはこれをやいはむつつみなく事なくてあふ屋柳の初春
はつ春に花のさけてふ物しあれば打のむかしになにはおもはず
思はずも文の林にいりにけりみのなりぬべき花もえてしか

晩年の円熟期にさしかかった境遇が滲み出る詠歌であり、「文の林にいりにけり」の句には活堂の国学者としての感慨を窺うことができよう。このような折にふれての詠歌は数多く存在したのであろうが、伝えられるものは必ずしも多くはない。

六　交遊

烈公斉昭との関係においては部屋住み時代（敬三郎と称していた時）に侍読（学問のお相手）を務め、藩主擁立に際して江戸に在って尽力し、やがて烈公からも史料の提供を得て『水の一すぢ』を著したことにはすでに言及した。ここでは、新藩主の近くに在り度々の下問に応えたことがらの中から若干を取り上げてみたいと思う。

天保二年四月十二日のことである。通事よりもたらされた御書には、登美宮《とみのみや》が仙洞院より拝領した御香の箱がきについてその案文を認めよとの達しがあり、翌十三日には六歌仙の手鑑《てかがみ》と自賛歌を拝領したので、その謂れの一文を作成することを命ぜられた。案文は即刻認めて提出したが、五月にも「旭日の滝の碑のうらがき」の案文を命ぜられた。六月に入ると、詠草の添削をも命ぜられている。

またこれより早く、文政十三年六月頃からは『扶桑拾葉集註釈』の編纂にも携わっていたようであり、『吉田令世日記』八月十七日の条には、

扶桑拾葉集註釈之義、吉田平太郎本職之方引抜調候様相達、尚又、久米彦助義も隔日四つ時より七つ迄此方へ罷出、平太郎申合相勤候様、是又相達候間当此上無弛申合調出来候様、時々心を付候様可被致候

とみえ、久米彦助とともに「註釈」に専念することとなった事情が知られる。

次には天保十一年二月十一日のことを取り上げねばならないであろう。活堂とも交遊のあった長島尉信《やすのぶ》の『戴水漫録』の記載からである。

曇、今八つ時過上公御鷹野出御、新道よりねつみ丁御辺吉田令世宅に御成有之、竹垣の破れたる狭き所より御入、令世か書斎の狭き所へ御上り様へ御もたれ御座被遊、令世に一弦琴弾《ひき》てきかせよとの御意也。令世御答奉畏候。乍去上公の御成の忝にあはてふためき、殊の外息きれ候て歌を出し、……

烈公の性格の一面が窺える記述である。突然の来宅ではさぞや活堂もあわてふためいたに違いない。しかも「竹垣の破れたる狭き所より御入」である。おそらく活堂はその詳細を尉信に語っていたのであろう。この記載によって、すでに活堂が一弦琴《いちげんきん》の奏者として聞こえていたこと(一弦琴については西野宣明日記にもみえている)や下市の鼠(根積)町に住んでいたことが明らかとなる。烈公と活堂の間柄を察するに余りある記述といえよう。その後の「上公いまだ敬三郎君と奉称、

松《(ママ)》の間に御座なされ候御時、令世は御歌の御師範申上候や」との記述も侍読としての活堂を知る貴重な史料といえよう。

また、次のような贈答歌も知られるので掲げておこう。

令世の返しに「とぶ鳥の明日香の花も君が手に落ればかかる露の恵みか」とあれば又

恵こそ一入《ひとしお》ゆかし八重桜むかひが岡の花もかがやく

○

藤田東湖は義弟に当たる。再婚した妻が東湖の姉本子《もとこ》だからである（『水の一すぢ』にも「平太郎は虎之助が姉の夫なりければ」とみえる）。文政九年に、父幽谷とともに江戸に上った東湖は伊能一雲斎に槍法を学び心身の鍛練に努めることとなるが、幽谷は水戸に帰るに当たって活堂の父愚谷《ぐこく》方に寓居させたのであった（『水の一すぢ』に「虎之助も物まねびに父とともにのぼりて父くだりての後までも江戸にゐたり」とみえる）。

その書斎を不息斎と称し、これを知った敬三郎は「不息」の文字を揮毫し、活堂の手をへて東湖に与えたのである。文政十二年の東湖の詩に「吉平坦《へいたん》を憶《おも》ふ有り」と題するものがある。それは父の逝去によって水戸に帰った東湖が四年の経過が一瞬のうちに過ぎ去り、春夜の夢の如くであるが、今なおそれは不息斎のあたりを巡っていると謳い、懐かしんでいるのである。

東湖が川口緑野《りょくや》を弾劾した時には、活堂は書簡を送って激励し、また慎重な行動を要請している。後年のことではあるが、『明倫歌集』編纂の折には「古歌之儀、先年より被仰付候処、右はまづ平太郎持前之儀ゆへ、是をのみ催促仕候」といい、「愚臣儀は歌道不案内に御座候間、まづ千首二千首も相撰、其上にて君上の御裁判、並平太郎等へも相談仕候積に御座候」と上書している。平太郎が活堂の通称であることはいうまでもなく、君上は烈公斉昭を指す。「弘道館記」や要石歌の撰述の際にも意見を交換しており、何よりも藩主擁立の際には共に行動した同志の間柄であった。

『回天詩史』に「尤も国学に長じ、兼ねて和歌に妙」と記し、「須磨琴歌稿本跋《すまことうたこうほんばつ》」に「相会《あい》する毎に、酒を把《と》りて眉を揚ぐ。古今に商推して、議論合わざるに至れば、則ち抗顔弁難して、且つ罵《ののし》り、且つ笑いて、而して後止む。蓋《けだ》し古言に通じ歌意を解すれば余遠く平坦に及ばず」と綴ったことには、東湖の活堂に対する高い国学的評価をみることができよう。また、茨城県立図書館には文政末年とおぼしき東湖宛の書簡が数通所蔵されている。

◯

福田宜賢《よしかた》は吉沼村の庄屋である。多くの書物を収集し、歌学的素養のある在野の文化人といえるが、また烈公の信任も厚かった。活堂の著述の多くを伝えたところより、その交遊の深さが知られるのである。そこで福田氏に伝来した活堂の著述から言及しよう。

『小倉の花』は歌学史料として貴重なものであるが、奥書に「我が祖父宜賢の友人なるよし田の令世うし」の著述であるから大切にすべきだという旨が記されている。

『鎖狂録并付録』の奥書には「右此者吉田平太郎殿より伝られし書也大切に所持可仕候也」とみえ、宜賢・宜毅・宜方の名が記されている。

『はるのすさび』は小歌集であるが、福田氏の蔵書印とともに裏表紙中央に、

福田三右衛門宜賢　本

と記され、また宜賢の歌も二首収められている。先にも引いた吉成英文氏所蔵断片にみえる「又の日宜賢のあるじの家にとぶらひて酒のみける」という詞書や活堂が抄録した烈公の『常陸日記』を伝えたこと（この日記は宜賢筆写本として伝えられ、活堂によって手直しがなされている。奥書に「ソヲ吉田令世ニ直セヨトノ上意アリ」とみえる）、さらに『鵜舟のすさみ』には宜賢からの聞き書きを記していることなども交遊の証しとすることができよう。

なお、『常陸日記』に関連して付加すれば、「瑛想院様御歌の裏書き」が福田家に伝えられた。瑛想院《えいそういん》は烈公の母である。文面は次の通りとなる。

これの一軸は、我か

宰相中将の君の、天保四年といふとしの春、はじめて水戸へ下り給ひての比、賁賓閣《いんひんかく》にお
はしまして、御かへるさに瑛想院の尼上も御船にて、湊より那珂川をのほり勝倉のわたり
まて物し給ひけるをり、これの福田宣賢か家にしばしいこはせ給ひて、庭なるほうたむの
花を、一枝をらせ給ひて帰り給ひにけるを、あろしいたくよろこほひてうれしさの余りに、
歌つかうまつりけるを、後にきかせ給ひて、めでおほすよしにて物にそへてそ、此御歌は
給はせたりける、さるはあろしの歌を令世とりて、長門守奥津ぬしのつまなる斐子といへ
る人に見せたりければ、そこより尼上の御許《もと》にまゐらせてしかば、御返事もまた奥津の家
より令世につたへて、この福田の家あろしには給はせけるになむ、いかで後見む人のため
にも、此事裏書といふ物にかくべきよし、あろしのこふまゝにしるしつけぬ、

吉田令世(花押)

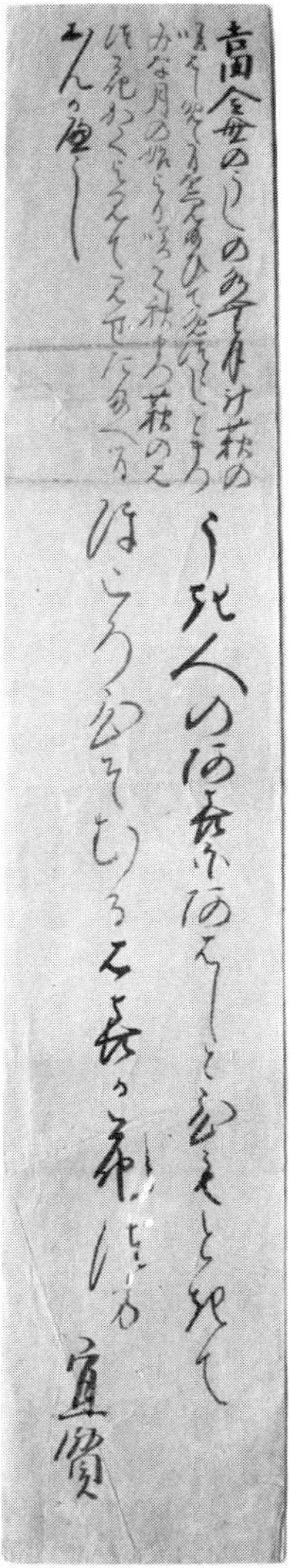

宣賢短冊

吉田令世のうしの水無月《みなづき》計《ばかり》萩の咲はしめたるを見給ひて　めつらしとまつみな月の始より咲て秋まつ萩のはつ花　かくよみて見せたまへる　おんかへし

うき人のあきにあはしとひもときて

ほころひそむるはきの花つま　宜賢

○

丹就道《たんなりみち》は岳父である藤田幽谷の妻の兄に当たる人である。東湖の伯父となるが、歌を通じて交遊があった。『丹就道詠草』に収録される歌の詞書にはそのいくつかを見出すことができる。その回数は活堂が十二回でもっとも多く（その他宇佐美公実が十回、会沢正志斎が九回、福田宜賢が七回で、この詠草は福田家に伝えられたものである）、交際も親密であったことが窺える。若干の例を引いておこう。

親の思ひにて侍りける頃、吉田令世のぬしのもとより「あはれいかに積ひつらん秋の露頼みしかげにもりのこのもと」といひをこせ給ひければ、かへしともなくてこころのうちにかくなんおぼえはべりける

ともすれば涙ぞ雨ともり増る頼む蔭なきこの本にして

吉田令世のもとより菊の枝にむすびて「是もまたしゐておりにき故郷のたよりをきく

の露にぬれつつ」といひをこせければ

露の間も忘れはをかしぬれつつぞしゐて折きと菊の言《こと》のは

この二首は贈答であるが、その他にも「あまり待わびけるままに、さいつころ鶯のそらねにはかられたることなど侍りけるが、吉田令世のぬしにつまはじきしてあはねられしことなど思ひ出られて」とか「令世の主、卯月十一日の暁ゆめに郭公を聞給ぬとて、うつつにて君にとはばや時鳥聞て」などとみえ、他に活堂(令世)に和した歌が収められていることも注目される。また就道の『曝井并手綱《たづな》浜《はま》古《こ》歌《か》考《こう》』という小考は活堂の子息於菟《おと》三郎の『曝井《さらしい》歌考《うたこう》』の先駆であり、義公以来、年山・幽谷・就道・活堂・於菟三郎と続く水戸の万葉研究として位置づけられ、そこに師弟関係や交遊関係をもみることができよう。

なお、幽谷の説は就道の他に西野宣明《のぶあき》も伝えている(『訂正常陸国風土記』)。

○

西野宣明は烈公に仕えた国学者であるが、『明倫歌集』『八洲文藻』『景山詠草』等の編纂を通じて学的交遊があったが、『常陸国風土記』に関しての意見交換も知られている。また、和歌の添削を依頼したことも宣明の日記にみえている。例えば、天保十二年七月に「庭納涼」の題で詠んだ、

夕まぐれ庭のやり水せきとめて風を待とる袂すずしも
小夜《さよ》更けて庭のやり水音聞くはむすばぬ袖も涼しかりけり

という二首は活堂に添削の依頼がなされたものである。天保十四年正月には活堂が一弦琴を弾ずるを聞いて、

一筋にうらかなしくも聞ゆなり謡ふ小琴の松風の声

と詠じている。

さらに、弘道館開館時に酒肴を下し置かれた際には同伴であったし、烈公襲封後には皇学の教導役として水戸は活堂、江戸は宣明に命じられ、平田（篤胤）や松屋（小山田）を招待して出仕人とした旨が日記に記されている。

○

山内勝春《かつはる》は多くの模写を作成した狩野派の絵師であり、「徳川斉昭肖像」や「小石川後楽園之図」などでも知られるが、活堂との交遊を窺うのは勝春の「梅鶯図《ばいおうず》」に賛した一首「うぐひすも春を常磐にやとるらむ前事しらぬ世にならへば」である（『洗苔』第七号）。

○

藩外の人物では長島尉信《やすのぶ》・色川三中《みなか》・佐久良《さくら》東雄《あずまお》（良哉《りょうさい》）の三名との交遊が興味深い。長島は

水戸藩にも一時仕えたことがあるが、その折にか入手した「之呂考《しろ》」の跋文に「吉田君もいへる之呂は物の料に引あてることはにて稲一束を獲る田をさして一代とはいひたるべし」とみえ、活堂との学問的交流が知られる。長島は三中の「代考《しろ》」と活堂の「之呂考」を写し考察を加えたのであり、三者の交遊が推察される。三中の「代考」の末尾には「良哉あじやりのもとよりをくり越されぬ」とみえるので長島は良哉から提供されたことが知られる。良哉は三中と親友であり物心の援助を受ける間柄であった。

活堂が三中と交遊があったことは、三中の日記である『家事志』天保四年八月二十四日の条に、

> 八つ過時より木の下へ参り、要様引合にて吉田君へまみえ四つ時帰り申候

とみえ、二十六日の条にも、

> 夫より木の下へ参り、又吉田君へ見え申候、常陸風土記・万葉集等の事、五十音之事色々御話し申上候、至極感心被致候由に被仰也

とみえることから明らかである。要《かなめ》は大久保要のことで、木の下は旅籠の名であるが、三中の学識に感心したことがうかがえる。また、後年の日記に「水戸吉田於菟《おと》三郎」の名がみえるので子息於菟三郎とも会ったことも確認される。ともに交遊は歌会や国学談議のためであった。

なお、『水戸十二番歌合』では三中が判者を務め、十一名の作者中に尚徳（於菟三郎）がいる。

尉信が水戸に仕えた際、良哉と三中が音信とともに金品を贈って貧を慰め（天保十年）、土浦侯に召されて帰る時には良哉が使いとして来て藤田東湖・吉成南園・活堂等に会っており、活堂とは歌も詠み交わしたことが知られる（天保十一年）。また、たびたび良哉（天保十四年には三中と共に）が水戸に来て尉信を慰めたという。

良哉との交流は、望月茂氏『佐久良東雄』（昭和三十一年）に引く一文に、

鼠町なる吉田令世ぬしをとぶらふ。ありて出て迎へたり。いとうれしめづらし。こなたへなど云はせ給ふに、いとうれしくて、うち物かたらふ。庭の池に蓮花さきたりけるに、よの中の事などうちなげきかたらひて、にごりにしまぬはなもさきけりと、うたひ出でたればゞ、あるじ、とひ来ます人の心の清ければとつけたまふ。たぐひなくあはれにおもひし、ともにうち吟じつつ、あはれがりてやみぬ。

とあって、具体的な様子が知られる。

また、尉信の肖像画に寄せた讃文も知られるが（土浦市立博物館蔵、次頁肖像）、この肖像画は仙台藩の儒者小野寺鳳谷《ほうこく》（伊達氏の一族である茂庭氏の家臣、養賢堂指南役）によるものである。求めに応じて尉信の人となりを綴った一文であり、歌一首も添えている（天保六年）。

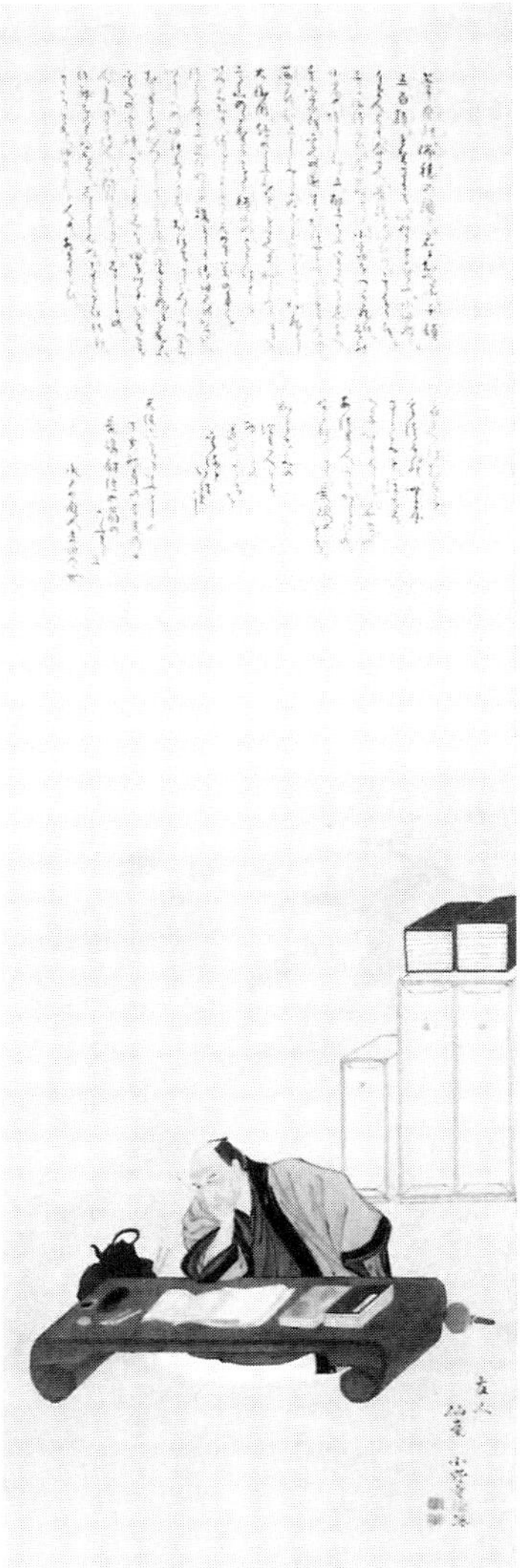

長島尉信肖像
（第 36 回特別展図録より）

その他、石岡の鬼沢大海《おおみ》や佐原の伊能頴則《ひでのり》との交遊も確認される。前者には、

吉田令世はじめてとひきて、立ちよりて見れば音さへ高浜のよになみならぬこころし
られき、とあるにかへし

君ならで誰かは問はむよる浪の音もなさかのあまが苫《とま》やを

後者には、

天保九年秋、水戸の吉田令世ぬし、はじめておはして、うちつけに何をそれともおも
はねどふしある事のきかまほしさに、ときこゆるに

ささ竹のよにもしられぬやどなればしのばれぬべき一ふしもなし

との贈答がみられる。

〇

国学者ではまず江戸派の人々との交遊があった。第一には清水浜臣《はまおみ》であるが、活堂宛の書簡が知られており、歌学的内容である。一節を紹介しよう。

さても契沖師の消息うつし給へる誠にうれし。江門にはいとまれ也。御あたりにはむかしのゆかりにて、阿闍梨《あじゃり》の筆もたる人たちおほくはべるべからん。うらやましくこそ。

「むかしのゆかり」というのは光圀が『万葉集』の註釈を契沖に依頼したことを指すが、安藤年山のように契沖を師としたものもいたから、あるいは消息が伝わっていたことは十分に考えられることである。続いての箇所には活堂の学識が見て取れる。

さても晩花集《ばんかしゅう》のはしがきを見給ひて、おのれが好む所もしかとぞとおぼすよし、そは大きにたがへり。かのはしがきはいささかおもふ事ありて、今の世のうた人しらべしらべと口にのみいひて、心もいれぬうはすべりの事、よむ人江門にはいとおほし。よくせぬは古歌の下句を其のままにおきてわが歌也、といふ人おほくあるが故に、いささかおどろかしはべる也。

文面からすると、活堂は浜臣の歌人評にふれたのであろうが、それに対して浜臣がみずからの見解を述べているのである。それに続く部分では長流・契沖・宣長よりも真淵を高く評価しているが、注目すべきことはこのような内容を交換するほどの間柄であるということである。この書簡は文化十三年の発信と推定されるから、活堂は二十六歳、浜臣は四十一歳であった。そうすると、『小倉の花』成立の年であり、『鎖狂録』脱稿の二年前となる。活堂の歌学面の学識が早くに形成されていたことを窺い知る書簡といえよう。

また、その他玉川述之《のぶゆき》をはじめ、本間游清《ゆうせい》・畠山常操・正木千幹《ちもと》等とも交遊があったらしい。『声文私言』の記述からは案外に深い交遊の存在が推測されるのであるが、刊行本『声文私言』からも序文を寄せた小山田与清《ともきよ》と江沢講修《ときなが》との交遊にはなみなみならぬものがあったであろう。与清は後に水戸にも仕えるが、恐らくは平田篤胤との水戸への仕官争いに勝った結果なのではあるまいか。天保初年までは江戸での交流が存在したものと思われる。講修は『鎖狂録』を伝えたことによってもその交流が密であったことは明らかであるが、『声文私言』を浄書した江口佐房《すけふさ》は大寂庵立綱《りゅうこう》の門人で、講修とは同門となる。

立綱は彦根の人であるが、各地を流浪した後江戸に出た。やがて水戸に来たり士人と交わった。吉田の安楽寺に居住したというが、この時活堂及び父尚典等とも交流したのではないかと推察される。『楓軒紀談』によれば小宮山楓軒とも交わったことが知られ、また与清・講修とも交流があった。活堂は来水時に講筵に列なり、それが機縁となって国学への関心が醸成されたのかもしれない。『声文私言』には正木千幹とともに「よくよめりしかど、是もむかしの人となれり」とみえている。

その他、三河の羽田野敬雄《はたのたかお》や江戸の平田篤胤や伴信友及び彦根の佐々木千尋《ちひろ》と交遊があった。千尋との別れに詠んだ一首が知られる。

それは必ずしも親交とはいえないかもしれないが、羽田野とは来水時に、篤胤や信友とは江戸で会ったと思われる。また、一絃琴《いちげんきん》を通じて亘理《わたり》の杉浦桐邨《とうとん》とも交遊があった。

○

江沢講修《ときなが》についてはこれまでにも若干ふれてきたが、活堂とは重要な交遊があった。特に『声文私言』に序文を寄せているところからすればかなりの間柄であったことが推察される。文政九年の序文には「故ありて、八とせばかりさきにまみゆる事を得て」とみえるので生涯中の第二期、二十代の半ばに交遊が始まった。活堂はまだ水戸にいた時分であるが、江戸に出る機会があったのかもしれない。ある時、講修は「うすらなる一巻の声文私言」をみて、「かく光ある玉を箱の底にのみをさめかくし給はむは、いとあたらしく、口をしき事、おなじくは板にゑりて、世におほやけになしてむ」として刊行したのである。文面から推せば講修が経費を負担したのであろう。

『鎖狂録』に関しても交遊が確認できる。それは静嘉堂《せいかどう》文庫所蔵写本の奥書に、

この書は水戸の殿人吉田平太郎令世《ノリヨ》ぬしのものせるふみにて、大寂庵立綱大徳かり校合におこせられし、高大徳より講修借りて写しおくなり、標に書るは大徳の自筆也

とあり、筑波大学大学図書館所蔵写本の奥書にも、

文政己卯《きぼう》のとし水無月あまりひと日、部原郷江沢ときなかか本をかりてうつしぬ

とみえ、後者は平為胤の筆写である。これによれば講修は立綱から写し、それをさらに為胤が筆写したわけである。そうすると、立綱との交遊を契機として講修との交遊が始まったのであり、その時期が文政初年だったのである。講修は部原《ぶはら》郷（上総国夷隅《いすみ》郡）の名主であり、また網元でもあった。立綱や本間游清に学び、多くの著作や歌集をものした。佐佐木信綱氏の『竹柏園蔵書志《ちくはくえんぞうしょし》』に『声文私言』の原本という「和歌だすき」は講修

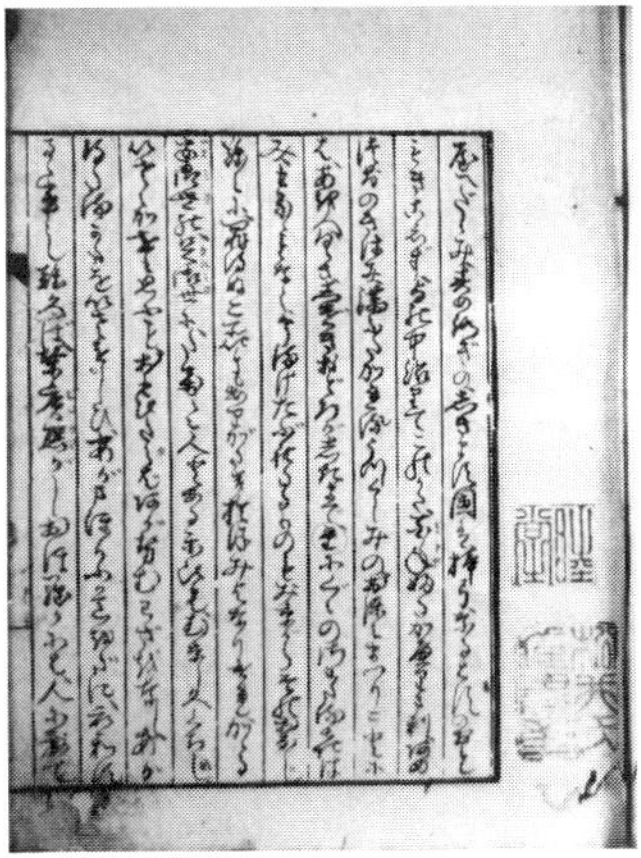

『鎖狂録』冒頭

の手沢本で「睦堂《ぼくどう》」の印記があるとみえている。また、倉野憲司氏の『上中古文学論攷』に掲載の「伊勢物語作者論」にも「睦堂」の印記がみえるから、明らかに関係を認めることができるのである。ちなみに「睦堂」は講修の号である。

ところで、文政十三年と推定される活堂の講修宛書簡がある。内容は時候の挨拶に続いて、講修の養子のこと、書肆《しょし》に関すること、長歌の添削のこと、『大日本史』校訂や拾葉集註釈及び『三哲小伝《さんてつしょうでん》』のこと、尚々書の『穂立手引草《ほたててびきぐさ》』のことなどである。注目すべきことは『三哲小伝』に関する部分である。

且又、三哲序文も、右故いまだ出来不申候事、御座候。秋の比にも相成候はば、少々はひまに相成可申、何卒、先まで御申のべ仕候。

ここにみえる「三哲」は『三哲小伝』を指すのであろう。それは天保二年に講修が刊行したからである。この文面からは活堂が序文を依頼されていたことが読み取れるが、多忙ゆえにそれが果たされなかったのであろう。秋になればというのであるが、この書簡は五月二十二日付であるから時間的余裕が必要だというわけである。確かにこの時期、活堂が多忙を極めていたことは日記からも窺えるのである。「三哲」は契沖・真淵・宣長を指し、その伝記と肖像を出版しようとしたのであるが、天保二年の改刻版では宣長の伝記を講修が書いている。刊行本に序文は付されていないから、序文が書かれることはなかったのであろう。『三哲小伝』をめぐって立綱・与清・講修、そして活堂の交遊が明らかになったことは江戸派の国学を考える時重要な意義を有すると思われる。

○

最後に門人ともいうべき人物をあげておこう。まずは岩田時純《いわたときずみ》であるが、時純は墨拓事業（印刷・出版）を営んでいた咸章堂《かんしょうどう》岩田岩田健文の嗣子で、『はるのすさび』『秋歌合』『二拾八番歌合』などにもその詠歌がみえている。活堂について和学を修めたというのは岡沢稲里氏の推定ではあるが（『咸章堂岩田岩田健文』）、さもありなんとは思われる。

また、三輪信善《のぶよし》は『明倫歌集』の編集に当たり、とりわけ刊行本『みかげあふぎ』は著名であるが、その末尾には活堂の子息尚徳が安政四年七月付の一文を寄せている。

七　家族

吉田氏が代々医を業としたことは『水府系纂』によっても知られるが、藤田幽谷の「本節吉田君墓誌銘」によれば活堂の父は尚典《なおのり》といい、尚典は医を業とした吉田尚明の養子であった。尚明は子が幼かったので尚典を女《むすめ》の婿養子としたのである。幽谷が記するところの本節吉田君がこの幼子であり、名を尚寛といった。尚典に兄事し、水戸藩を代表する医師であった原南陽《はらなんよう》の門人として別に俸禄を賜るほどの優れた医者であった。

吉田家は尚典が継いだが、彼の履歴はほとんど知られていない。人となりをうかがう最も詳細な記録は『楓軒紀談《ふうけんきだん》』十五にみえる次の記事であろう。冒頭には、

吉田本助尚典、初は石崎村の郷医海老沢養軒と称す。長久保隆軒の弟子なり。時に吉田本節死して児幼し。養軒を婿養子にして家を継ぎ吉田本節と襲号せり。

とみえ、幽谷の記事を傍証する。本節は代々の襲名である。続いて、

文公命じて老子の像を刻せしむ。数日にして其頭を成し全身に至らず。翠軒《すいけん》諫て曰、吉田

が如き奇巧の者世にあること稀なり。彼をして不用のことに日を費さしむること誠に惜むべし。有用のこと命ぜられ度者なりと。公の曰、有用とは何事ぞ。翠軒曰、舜水《しゅんすい》先生の大成殿の雛形年を経て破壊多し。今の時これを修造せしこと吉田に非れば能はず。願はくはこれを命ぜられしと。於是これを出し観玉ふに、所々壊乱して次第も分らず。即本節に命じ玉いて中御殿にて修造あり。工人も数多く招き玉い本節指揮し、数十日の力にて全備復旧せり。果して幕府より呈覧すべきとの命あり。数十匱にして本節携へて江戸に至れり。其題名を書したるを柴野彦助一見して其善書に驚き、其公儀へ出るに医体にて如何とのことにて、俗体にな□、本助と称せり。

とあって、尚典の彫刻の才能を述べている。文中にみえる柴野彦助《しばのひこすけ》は、水戸藩士とも交遊があった学者で栗山《りつざん》と称した人物である。末尾には、

其他奇巧の話多くあり。晩年江戸邸にありしが、子平太郎と不和にて独行水戸に下るとて小金にて倒れ死せり。何人とは分らさざりしゆへ土人土中して建札したるを、或人より平太郎へ為知急に発し携帰つて葬れり。平太郎も是事にて罪蒙れり。昌平黌《こう》もこの再造し玉へるなり。文公修造し玉はず。呈覧もなるまじきなり。よくぞ翠軒の諌め奉りしなり。

と活堂との関係にもふれている。

この記録中「舜水先生の大成殿の雛形」に関しては、活堂の『鶉舟《うふね》のすさみ』に次のようにみえているから、補足の意味を込めて掲げておこう。

今の江戸神田昌平坂の聖堂は、寛政のはじめの比、我か水戸の大城殿のひながたといふ物によりて立給へるなり。さるは、むかし西山公の御代に、明の舜水に尋ねとひ給ひて、彼国の学校のさまを其まゝに模して、ちひさやかに作らせ給ひけるを、かの雛形やぶれそこなはれければ、我が父の尚典ぬし(字は子有と申す)、彰考館にありながら、木あるは石などをもて、ものを造る事にあやしくたへなるによりて、文公のおほせもて、我父にその雛形のやぶれをしつらひおぎなはせ給ひしに、あまたの木工を集めてつくり治められし。四百金ばかりの費用なりしとぞ。おのれ、そのをりは五つばかりにもや有けん。その事をほのかに覚へたり。作りはてゝ、長櫃二十口に納て、子有ぬし江戸の小石川に持のぼり給ひければ、文公いたくめでよろこばせ給ひて、御まへにめして、ねもころなる仰こと有て、昌平の聖堂その雛形のまゝに作らむとしけれども、地形せばく、かつはそこばくの財をうしなふわざなればとて、にはかにも物し給ひ、かくして尊敬閣のみぞ舜水の雛形のまゝに造られけるといへり。此事は我水戸などにては知れる者もあれど、年も久しくなり、其時の人もうせはて、かつは遠きさかひなどにはたれも知れるものもあらざれば、此に記しおくなり。

これに関して、『吉田令世日記』巻二の文政十三年五月三日の条に、

家厳、先日中九五之御印章彫刻仕り差上候所、其御むくひとして大だひ壱枚被下置候

ともみえるから、やはり篆刻《てんこく》・彫刻・工作等に秀でていたことは明らかである。

また、『楓軒紀談』には書にも勝れていたことがみえるが、これは刊行本『年山紀聞《ねんざんきぶん》』の楓軒序文や『宝元堂法帖《ほうげんどうほうじょう》』の翠軒序文を書していることによって傍証されよう。

尚典の学識に関しては『水藩修史事略』寛政十一年十二月六日の条に、

大日本史紀伝浄写本八十巻を、義公の廟に献ず。この日や義公正に百年の遠忌に当れり。編修吉田尚典、告文を読む。総裁病に罹《かか》るを以てなり。

とみえることや『咸章堂刻帖《かんしょうどうこくじょう》』及び『声文私言』の跋文を記していることによって知られよう。

ところで、長島尉信《やすのぶ》の『戴水漫筆《たいすいまんぴつ》』に「藤田一正肖像讃」に関する一条がある。青山延于《のぶゆき》謹書及び景山公子所製とみえ、その後に左のような箇所がある。

吉田尚典君か後室殿に示して曰、是は故藤田次郎左門か肖像也。中納言様、其時はいまた敬三郎様と申上候御時に、次郎左門殿を御座の間に候き。酒給はりて、次（ママ）郎左門殿給はる酒を何心もなく被仰居候とき、敬三郎様御手自塑像を御つくらせ候。（中略）又、古き木のはしにて金箔つきたるをとり出されて曰、是は哀公様の命にて御ふた置を主に□くし尚典

に命せられ造らせ、有時の木のはし□、此木は威公様末小石川の邸を賜らさるさきは代官町（割註略）に御館あり。其御門丁□彫物をつくし候。依て日くらし御門と号し候。

この記事の前段は直接に尚典を取り上げている訳ではないけれども、妻（後室殿、友松尼）に次郎左門の肖像を示しているのは、彼女が活堂の母であり、次郎左門の女すなわち東湖の姉が活堂の妻だからであろう。また、「尚典に命せられ造らせ」という箇所からはやはり工作等に秀でた尚典の才能が窺える。尉信は活堂とも交遊があったから、父のことに聞き及んでいたとしても何ら不思議はないであろう。

尚典が世間と合わずネジコジと称していたことや『楓軒紀談』にみえる最期の様子などは、彼の人となりを如実に物語るであろう。父尚典の出奔によって活堂が罪を蒙ったとはいえ、前年に於菟《おと》三郎（尚徳《なおのり》）が生まれた時には命名したり、活堂の字平坦《へいたん》が父の性格になぞらえたものであったり、最初の刊行著述である『声文私言』の跋文を認めたりしていることに父子関係の一端をみることができるように思われる。

尚典に関する史料は決して多いとはいえないが、『水府系纂』巻六十九の記事を掲げておかねばなるまい。

本助尚典、初名養本又本節、養父死シテ、天明四年甲辰十一月十三日七人扶持ヲ賜テ医師並、寛政七年乙卯《いつぼう》三月七日思召ヲ以テ切符ヲ賜テ馬廻組トナリ、還俗シテ史館勤メ、八年丙辰二月二十四日家内未熟タルニ依テ役ヲ放タレ小普請組、享和元年辛酉《しんゆう》三月九日小十人組格トナリ、史館勤トナル、文化五年戊辰六月六日馬廻組、史館勤如元、文政四年辛巳《しんし》九月十四日格式御次番列トナリ、細工御用ヲ命セラレ定江戸トナル、天保元年庚寅《こういん》閏三月十四日致仕シテ愚谷ト号ス、後本節ト改ム、多年ノ勤労ヲ称セラレ扶持ヲ賜テ老養ノ資トス、

二年辛卯四月六日死ス、六十九歳、養父ノ女ヲ娶テ

一男ヲ生ム、平太郎令世ト云、

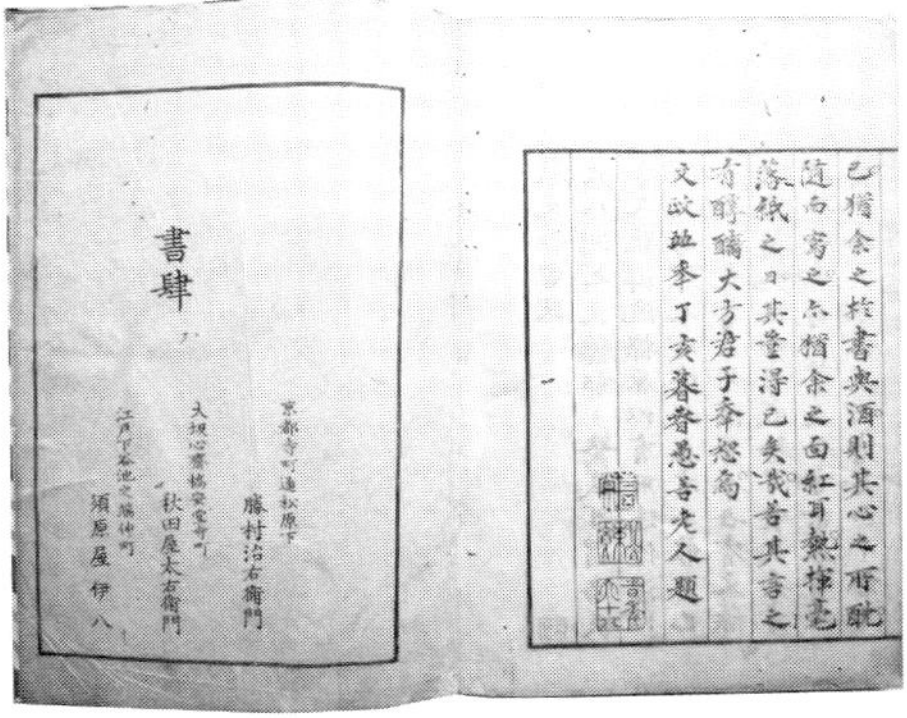
已猶余之於書與酒則其心之所耽
隨而寓之亦猶余之面紅耳熱揮毫
落紙之日其豈得已矣哉吾其寄之
有明鏞大方君子幸恕焉
文政拾季丁亥暮春愚谷老人題

書肆
京都寺町通松原下
藤村治右衛門
大坂心斎橋安堂寺町
秋田屋太右衛門
江戸下谷池之端仲町
須原屋伊八

『声文私言』跋

文政四年の江戸行きに際して館僚の青山延于《のぶゆき》は「吉田子有の江戸に之《ゆ》くを送るの序」を書いて激励しているが、これより先享和二年春の大雪時に尚典が詩を賦し、これに延于も和したことが『拙斎《せっさい》小集』に収める「白戦倡和序」によって知られる。また、文化十年に立綱が来水した時には交遊し、その講筵にも参加している。愚谷の号は文政十年暮春付の『声文私言』の跋文にみえるので致仕以前から使用していたはずである。

なお、尚典に関する言及は伊藤修氏『郷土文化』第二号収載「吉田愚谷の逸事」が唯一といえるが、吉田一徳氏『大日本史紀伝志表撰者考』にも若干の記述がある。

○

母は友松《ゆうしょう》尼《に》、俗名はわからない。『類題衣手集』に一首、活堂が編集した『はるのすさび』に二首がみえ、『弘道館梅和歌』の、

梅岡のはなの光りに遠山の月さへここに匂ふあけぼの

という一首は七十三歳の詠として収められている。また、『秋歌合』に三首、『二拾八番歌合』に二首がみえているので、なかなかの歌詠みだったと思われる。おそらく活堂の歌学方面の力量は母方の影響血筋とみてよいであろう。

春恋　しのふ草いろにな見えそ春立てこころはゆきの下もゆるとも

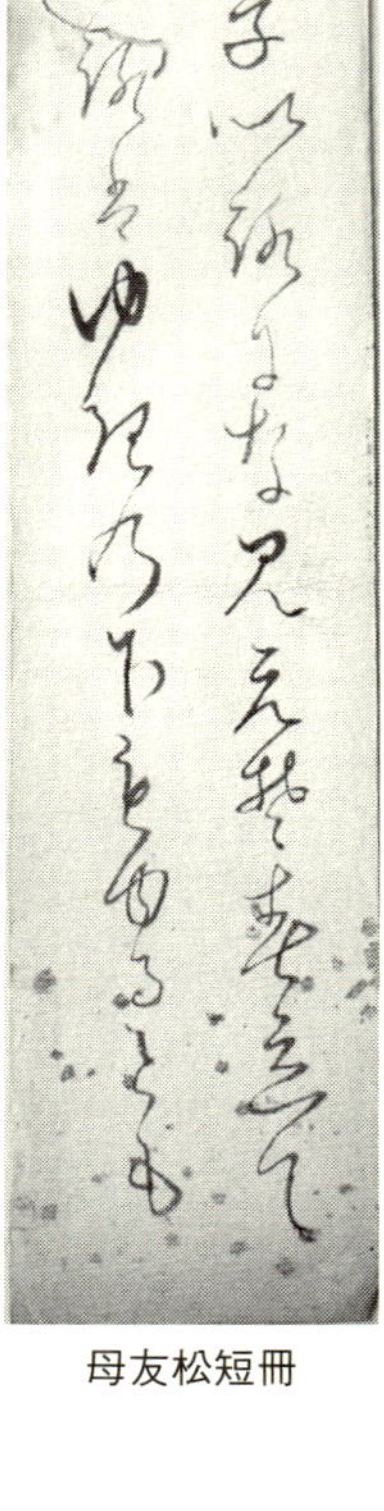

母友松短冊

妻は山国喜八郎共昌の姉で文政七年に没している。七回忌に当たっての手向けの歌が『吉田令世日記』にみえている。

いつしかと案じへだてて七年《しちとせ》のはるかに過し人ぞ悲しき
梅の花にほふ春へを七かへりかけの下にも人は過ぎ来ぬ

後妻は本子、藤田幽谷の女で東湖の姉である。『弘道館梅和歌』に歌がみえている。

武士《もののふ》の心も春にやす国の道ひらけつつ匂ふ梅が香

子息は又彦（泰亨）、母は共昌の姉、尚徳（於菟《おと》三郎）、尚賢《なおかた》（留之介）、ともに母は幽谷の女本子。又彦の歌が『弘道館梅和歌』にみえている。

たつねくる人もさこそは有明のつきと花との梅のしたみち

尚賢（留之介）は『江水御規式帳』に「五人扶持」とみえる。

尚徳（於菟《おと》三郎、号を璞堂《ぼくどう》という）に関しては若干の史料がある。『水戸藩死事録』によれば、甲子《かっし》の難で獄に下され慶応三年八月二十七日に没したという。時に三十七歳であった。『水府系纂』には歌道懸となり、歌道方指南出精に依って白銀五枚が給せられたことがみえるから父子二代にわたって歌道懸を務めたことになる。父活堂とも交遊があった色川三中《みなか》とも交わり、松平頼《より》位《たか》の跋に「令世の子尚徳してととのはしめ給ひぬれば」とみえるから『明倫歌集』編集に関与

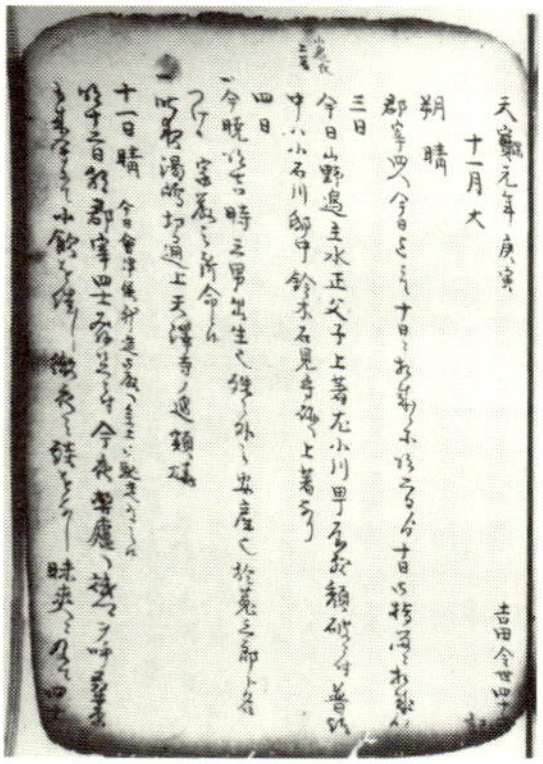

『吉田令世日記』天保元年十一月四日の条

したことも知られる。没年から逆算すると生まれは天保元年となる。それは『吉田令世日記』同年十一月四日の条に、

今晩明七つ時三男出生なり、殊之外之安産なり、於菟三郎と名つけ候、家厳之所命に候

とみえており傍証される。於菟は虎の意であるから寅年にちなむものであろう。そして、それは家厳すなわち父愚谷の命名するところだったのである。

また若干の著述が知られるが、中でも『曝《さらし》井《い》歌考《うたこう》』と『桜花百首』が今日に伝えられ、吉田家の家学としての歌学を窺う貴重な史料でもあるから一端を紹介しよう。

『曝井歌考』は『万葉集』の曝井歌に関する考察であって、曝井所在地が常陸にあることの主張である。曝井歌というのは、

三栗《みつぐり》の那賀に向へる曝井の絶えず通はむ彼所《そこ》に妻もが

であり、仙覚・契沖・橘千蔭《ちかげ》・本居宣長等の諸説を検討したものである。その結論としては『常陸国風土記』の記事に根拠を求め、さらに『万葉集』収録の歌の順序に留意した説であり、

研究史上注目すべきものといえよう。なお、本文五丁半ほどの小冊子ながらも見開きの絵も付されている。

『桜花百首』は桜花に託しながら自らの思いを詠んだものであり、大きく五分類される（併せて代表歌も掲げる）。

1桜そのものをめでたもの

おのつからけたかき色と見ゆるなり桜は花の大君にして

2自己の境遇を詠みこんだもの

くりかへし神やたたると思ふまで花よそなる身こそつらけれ

3母や家族への思いを詠みこんだもの

妹とわれ母につかひて桜花おりかざしたる春ぞ悲しき

4大君や国への思いを詠みこんだもの

咲く花の匂ふがごとく大王《おおきみ》のいつかかやう時は来にけり

5攘夷への思いを詠みこんだもの

戎《えびす》らををひ退けてのちにこそ花はのとかに見るべかりけれ

漢文の序（二種）と和文の序（璞堂）が付され、赤沼の獄で記されたものであるから晩年の成立となろう。歌学的素養を窺うことのできる格好の史料といえるが、歌学は安政四年に前田夏蔭《なつかげ》に入門し学んでいる。

璞堂に関してはもう一つ見逃せない業績がある。それは『退食間話《たいしょくかんわ》』の批評添削をしたことである（『水戸市史』中巻㈢）。この本は会沢正志斎による「弘道館記」の和文解説書であり、天保十三年の序文が付されている。批評は国友善庵のはからいによったものであるが、おそらくはこの時期西野宣明と交流し、夏蔭にも入門して国学の力量が認められていたからであろう。その批評添削には明らかに本居学的国学思想をみることができるから、正志斎とは相入れなかったことは当然といえるかもしれない。それは彼が父活堂の学問を継承していたからに違いあるまい。批判の一部を掲げてみよう。

人道を牛馬に同くし、此一句いかなる証を以て議し給へるにや、いとおぼつかなし、本居氏等の著書あまたある何書の何の条をさしていふ也と云明証なくて、只々聖人を誹謗したる事をかく云ては実に過たる排斥成べし、惣て書にあらはして天下の人に示めさんには、衆人の皆実にもと思ふ様に正理をいはでは服せざるのみならず、仇讐の様にも後々は思ひとりて徒に争端を開くべし、今天下の国々本居の学を奉ずるもの幾千万といふ数を不知、近年は諸侯にも信仰の人ありて逐月逐日弘く成行に、さ迄もなき事をあり、気に只一口に誹りて其の証をも挙ずば彼徒此書を読ていたく先生を恨むのみかは、烈公の御名にも拘る事出来ぬべし、されば中々容易ならぬ事也、

文中の「先生」は正志斎であるが、これに続いて江戸の儒者が批判書を刊行し物笑いとなったことにふれて、「人道を牛馬に同くし」を酷言としているのである。

また、石河幹文の「あやめの露」に、

このころうたよめる人々には、高島澹斎泰興、三輪友衛門信善、菊池金三郎為馨、朝比奈豊比古泰吉、雨宮鉄三郎于政、吉田於菟三郎尚徳、町屋には栗田彦六父子などなり、今おもへば大方うせはてて、ただに朝比奈泰吉と栗田元吉とおのれ三人のみなり、

とみえ、璞堂の歌詠みとしての才を確認することができる。

なお、後年のことになるが豊田芙雄《ふゆ》（豊田天功の長男小四郎の妻で、父は桑原信毅、母は藤田幽谷の娘雪子）からの「聞き取り記録」に、次のような箇所があるので紹介しておこう（『水戸史学』第八十四号収録の斎藤郁子氏「豊田芙雄の住まいを辿って」の附載）。

吉田音三郎は伯母元子の子ですが、音三郎の子孫はよろしからず行衛不明になつて居ります。令世の子孫は今も神奈川県庁に務めて居る由。音三郎の弟は吉田本助といひ、その孫が大貫に住み此夏頃病死しました。令世の本家に当る家に養子となつた者でした。

令世は国学で史館に勤め令名あり、音三郎は江戸の邸で史館の後始末をして居ましたが市川党の騒ぎの時牢死したと想います。

いうまでもなく音三郎は於菟《おと》三郎のことであり、牢死したことも確認できる。元子は本子のことで幽谷の女であり、活堂の妻である。

八　終焉

水戸に仕え、活堂とも交遊があった長島尉信《やすのぶ》の『水府紀行』天保十五年（一八四四）五月の記事には、次のようにみえている。

二十二日、我等熱あり。足痛にて出兼ね起き居る。永井氏告げていふ。吉田令世、昨二十一日出支度致し出んとして卒倒、君半身不随、よみがへらず。二十三日七つ時命歿。年五十四。二十日には我等と終日物語し、二十一日朝此病、此もまた憤死といふべし。二十五日大雨来たり、大雷頭上に落ちる如し。夜五つ時雷遠く成る。雨よはく成る時、吉田令世君を坂戸原え《(ママ)》葬送す。棺を送るもの群集。我等不快を患ひ、田中口迄送り、木村伝六に托し木村氏へ引きとる時、又々大雷雨つよく降来り、皆々甚だ大難渋誠におそろしき大雷なり。暮六つ時到て大雷ひく。

活堂の終焉に関する貴重な記録である。これから死亡原因が「君半身不随」すなわち脳卒中らしいこと、その期日が五月二十三日であったこと、葬儀の行われた二十五日が大雷であったこと、坂戸《さかと》（酒門）墓地に埋葬されたこと、が知られる。「憤死」といい、「大雷」といい、尉信の歎きが如実に窺える記述といえよう。今日、活堂の墓所はそのまま坂戸（酒門）に存在している。

続いて、尉信は活堂の人となりについて記している。

吉田令世君は、我等に年十歳をくれたる人なり。歌学に精しく彰考館編集に擢せられし。録□著書多し。又外蛮の事に精しき学なりき。六年三月、我等土浦へ移るのときは、長岡宿迄送り給はり、別れに臨み宿にて涙こらへ兼ね候。泣き出して曰く、我等涙流したる事なかりしが、何ゆへか未練に涙かくの如しとて、我等が手をとりてしみじみとなげきける。我等も泪患ひかね互いに泣きて別れ、ことし納言卿の此御事によつて我等先此人を尋ね、二十日終日渡りて物がたり、暮に及びたるが此世の名残、此人歿し給ふては水戸の御国に知る人あまたなれ共、今は小宮山楓軒翁も歿し、野中三五郎君も歿し、石川久徴君は我等めされ前《（ママ）》に歿し、庶人には梅居去年二月歿し、かく知己失ひ給へ《（ママ）》ぬれば、今は唯壮年の方々ばかりに成て心ぼそくおもゐ《（ママ）》侍る。

墓碑　酒門共有墓地

学識深く人情に厚い活堂の姿を彷彿とさせる記述であるが、「ことし納言卿の此御事」というのは烈公斉昭が幕府から嫌疑を受けたことであろうから、それに関して活堂を訪ねたと思われる。二十日の条には「吉田兄へ萱町より直に参上、終日互いに述懐」して歌を詠み交わしたことがみえる。活堂の最期が歌によって締め括られていることに国学者としての生涯が暗示されているようにも思われる。なお、『水戸文籍考』に「弘化元年没す」とみえるのはこの年十二月に改元がなされたからである。

○

活堂が亡くなった後、人々に活堂はいかにその存在を示したのであろうか。若干ではあるが、活堂を偲んだ人々を紹介しよう。

藤田東湖は二首を残している。

　　吉田令世ぬしを悼みて

いかにして君は過けんなきものとおもひし身さへ在ふる世に

　令世ぬしの一周忌にあたれりける日、ありし世のしたしう物しけることともくりかへして

帰るべき我は旅路にまよひつつかへらぬ人をしのびつる哉

西野宣明は弘化三年の三回忌に郭公の題で

筑波根を越てや来なくほとゝぎす我おもふ人のむかしかたらん

と詠み、和学所の鶴峰戊申《しげのぶ》は、

血に鳴て山ほとゝぎす過るよりわれも三年のむかし忍ぶる

と歌っている。また両人とも詩も作っている。

戸田蓬軒《ほうけん》には二首が知られる。

吉田令世の七年忌に夏懐旧

うれしくもかなしくもありなき人を見るもみじかき夏の夜の夢

さみだれにありしむかしをしのぶ草軒のしづくも涙なるらし

間宮永好《まみやながよし》は七回忌に一首を手向けているし、佐原の伊能穎則《いのうひでのり》には十三回忌に、

ほとゝぎすいまも昔の古声をなけばや人の恋ひしかるらん

と詠んだ歌が知られる。

活堂の墓碑文等は伝えられていない。東湖の「須磨琴歌稿本跋」が最も活堂の人となりを伝える一文といえようか。

なお、石河幹文の「あやめの露」に、

近き頃我国にて古学を唱へ古風のうた文を唱へつるは吉田令世といふ人なり、此人弘道館の教官にのぼりてよに博学といわれし人なれは、なからへたらましかば仕出す事もあらんに、天保の末のころ身まかれるいとあたらし、

とみえることは、活堂の評価として正しく認められるところであろう。

附録一　『声文私言』をめぐって

活堂の主著ともいえる『声文私言』は早くに『少年必読・日本文庫』に収められたが、閲覧も容易ではなかった。私もようやくのことで複写を入手したが、やはり誤植は避けられなかった。名越時正先生が筆写された長谷川本を必死に写させていただいたりして卒論を仕上げた。その後神道大系の『水戸学』に収録されることになった時、編集責任の福田耕二郎先生が水戸史学会の研究会の折にその旨を私に教えてくださった。福田先生の慧眼に感謝しつつ、閲覧が容易になったことを喜んだものであった。刊行に当たって、校正を担当された秋山一実氏（現金沢工業大学教授）から刊行本の複写をご提供いただいたが、木版本は未見であったから複写とはいえ大変貴重なものであった。

私の処女論文は昭和五十二年発刊の『水戸史学』第七号に掲載させていただいたが、勿論『声文私言』に関する考察である。題は、

吉田活堂の学問思想――とくに『声文私言』を中心に――

であり、『声文私言』の構成を考えるとともに水戸学への位置づけを試みたものである。さらに『水戸の国学――吉田活堂を中心として――』刊行の際に一論（第六章）を加えた。それは宣長の『うひ山ぶみ』と比較考察しつつ、書物観・人物観に言及したものであった。

その後『吉田活堂史料』（正・続）という小冊子を私家版で二冊作成したが、その続編に『声文私言』を収めた。木版本を忠実に翻刻したものであるが、その折解説には佐佐木信綱博士『万葉漫筆』（昭和二年）に収める東湖宛活堂書簡を引いた。この文面に『声文私言』に関する箇所がみえていたからである。次に再録してみよう。

呈一書候。春色十分悩殺人之時に御座候所愈御安健可被成御座候。奉賀候。毎度御無音申上候段何分御垂恕可被下候。然ば近比御迷惑之筋を相願度奉存候。誠早なれ〳〵敷恐入候得共無拠相願候事に御座候。拙著中釈万葉集之事を申候事御座候。暗記之誤候てちと間違御座候に付、何卒釈万紀原（横本にて二冊あり）御覧之上御抄録被下候様奉希候。扨其事は、釈万《ママ》集首巻一凡例一合せて二本御出来に相成に付、安藤為章を御使にて清水谷大納言殿へ御相談御座候所、清亞相殊之外感嘆いたされ、万葉の伝は水戸家より受たりと、やがて霊元上皇へ奉り被候ける、叡感ありて、天子も御心付之義は御たすけ可被遊旨勅定有之と申所を御抄録可被下候。清水谷殿の名前御記可被下候。右何分宜敷奉願候。何とぞ後便に御間違なく為御登被下候様仕度奉存候。会兄へ跋之催足并飛兄へ拙著のぼせ候様度々中遣候得共一向に返書も無御座候。勿論跋文等更に無沙汰御座候。甚さし支候間是亦廿四日は是非々々為登被相成候様御せつき被下候様百拝奉希候。右之段相願度早々用事斗如此御座候。以上。

三月十九日　令世頓首　斌卿賢兄几下

斌卿《ひんけい》賢兄は東湖のことである。文面からして佐佐木博士の推測の通り『声文私言』に関するものとして差し支えないであろうが、一応の考察を加えておこう。

佐佐木博士は「江戸にをつた時、その親戚なる水戸の藤田東湖（令世《のりよ》の妻は藤田幽谷の女で、東湖の姉である）に送つて、釈万紀原の中の一節に就いて問合せたもの、即ち、声文私言に載せる為に問うてやつたものと思はれる。」と考察されている。書簡中の「拙著」に当たるのが『声文私言』であることは該当の条文がみられるところからして誤りはない。その条文とは二十二条目に当たるものであるが、関係する後半の部分を掲げよう（括弧は割註）。

かくてのちは我が西山公、釈万葉集を（此書、初の名万葉纂註《さんちゅう》といふ。よて契沖碑陰にはしかしるせり）おぼしめしたゝせること有て、御みづからも考へ給ひ、又、難波の契沖阿闍梨《あじゃり》の此学にたけたることを聞《きこ》して何くれと問ひ物し給ひき。さて釈万葉集、まづ首巻と凡例といできたるを、安藤為章《ためあき》を御使にて清水谷大納言殿に就てよしあし定められむことを請給ふに、誠に古今に双なき注釈也。万葉の伝は水戸家より受たりとて、やがて霊元太上皇へ奉られけるに、深く、叡感《めで》させ給ひて、末代までの宝なり。皆がらかくいでくべく申せ。おぼし寄せ給はむ事をば上皇にも御筆を加へさせ給はむ。亞相にも其考を助よとなむ仰下されける。（釈万紀原）

この条文と書簡を比較すると、まず書簡では「清水谷殿ノ名前御記可被下候」というのがその主たる目的のように思われるが、条文ではその名が記されていない。しかし、「釈万紀原」からの引用による箇所が条文にはみえるから、東湖の調査によって記されたのであろう。

また、跋文を会兄すなわち会沢正志斎に依頼したことや『声文私言』が飛兄すなわち飛田逸《いつ》民《みん》に見せようとしていることも初見であり、成立の一端を窺う事実となろう。

次に、この書簡の発信年次を考えてみよう。それはおそらく文政八年か九年の発信であろう。跋文を会沢正志斎に依頼しているところからみると、すでに『声文私言』の草稿は出来ていたとしなければなるまい。活堂は文政八年十一月十五日の日付を末尾に記しているから『声文私言』の成立は明らかである。序は小山田松屋が九年十二月望、江沢講修が九年十二月一日であるから、会沢に依頼していたのはこれらの序文の日付よりは以前としてよいはずである。三月十九日の段階で跋文は活堂の手元には届いていないのであるから、どちらかといえば九年とすべきであろうか。結局、会沢の跋は届かず、父愚谷が十年暮春付で記すことになったのであろう。刊行したのは青藜閣《せいれいかく》須原屋であった。

なお、佐佐木博士はこの書翰に「古人が著作の苦心を示す一端」を読み取っておられる。先に、この木版本を小山田与清研究家の安西勝様から恵与されたことはこの上ない喜びであった。

○

もう一つ『群書類従』に関連する記述を追加しておこう。類従収録の『神皇正統記』の奥書には、

右神皇正統記、以常陸国六段田村六蔵寺本書写校合

とみえ、六地蔵寺本によって校合されたことが知られる。ところが実際には彰考館蔵本をもとに作成され、さらに六地蔵寺本によって校合されたのである。この六地蔵寺本については『声文私言』に次のような記事がみえている。

又、正統記も常陸にて書れたり。水戸の六反田村六蔵寺の応永四年の古写本の正統記あり。それに親房卿の奥書あり。云、此記者去延元四年秋為㆑示㆓或童蒙㆒所㆑馳㆓老筆㆒也。旅宿之間不㆑蓄㆓一巻之書㆒、纔尋㆓得最略皇代記㆒任㆓彼篇目㆒粗勒㆓子細㆒了とあり。旅宿之間とは関

城に在ける時をいふに似たり。

六地蔵寺本との相違は最後の「了」の文字が「畢」であることのみであり、ここには奥書の前半部が引かれている。果たして活堂は六地蔵寺本を見たのであろうか。当時、『神皇正統記』が六地蔵寺に所蔵されていたはずであるから見たとしても疑念はない。ただ、師である藤田幽谷がすでに六地蔵寺本と彰考館本とを校合していたから、それに拠った可能性も否定できない。彰考館本も応永四年の奥書をもつ写本だったからである。

いずれにしても、活堂が正統記に関心を寄せ、しかも『声文私言』中で最重要視した書物だったことは注目してよい。再度、『声文私言』の一節を引いておこう。

北畠准后の神皇正統記は早く見べき書なり。三種の神器の今世に現にまさしくおましますことも、此書に見えていとありがたくおもひなりて、涙こぼるるは誠にかたじけなき書なり。さてこそ此卿の才智・識量世にすぐれたりけむ程も知らるれ。

附録二　『伊勢物語作者論』について

一　『伊勢物語作者論』の本文

本文は倉野憲司博士によって学界に提示された。『上中古文学論攷《こう》』と『新訂要註伊勢物語』（ともに昭和九年）に原文を収録されたのがそれであるが、前者には冒頭の一葉の写真も掲げ後半の部分を引いておられる。後者は未見であるが、付録に全文を収録された由である。管見に及んだ全文は『未刊国文古註釈大系』第九冊（昭和十三年）に収められた立綱の『伊勢物語昨非抄《さくひ》』に付されているものである。いま、ここに掲げるに当たっては『上中古文学論攷』の引用と写真一葉によって校訂を加えた。便宜上二段に区切って掲げることにしたい。

なお、収録本にみえる六行の前文は除外したが、末尾の「業平相撲の考」という一文は併せて収録しておく（括弧は割註部分、□は不明文字を示す）。

伊勢物語作者論

吉田令世識

伊勢物語を業平の自記有しに後人のかきくはへたる物といふ説《コト》は（伊勢か書たりといふ事の非なるハ今更いふに及ハす）、一条禅閤の愚見抄よりして細川玄旨法師の闕疑抄なと迄もはら此説にて、北村か拾穂抄、また契沖阿闍梨の臆断なども此自記といふ説にハすこし心をかたふけたること見ゆ。しかるに業平自記といふ説は、定家卿の奥書に或曰在原中将自記云々心中秘密身上興言他人推而難注之以之可謂其自記歟とかゝれ、顕昭法橋袖中抄の説に朱雀院の塗籠に業平の自記の伊勢物語ありといふ説なとぞ。まづは業平朝臣の自記といふことの鼻祖《ハジメノオヤ》なりける。また其おなし比なる藤原為業か大鏡にも、いかなる人かはこの比古今伊勢物語などおほえさせ給ハぬハあらむずる。見もせぬ人の恋しきハなと申もこの御なからひの程とこそハうけたまはれ。末の世までかき置給ひけんおそろしきすき物なりかしと云るも、業平の自記といふ説の在けんをかくかける物にてもはら其比いひあへる言としらる。されども、件の定家卿の奥書袖中抄大鏡よりさきにはふつに見えざる説なりき。紫式部か云世の常のあだ言の引つくろひかざれるにおされて業平か名をやくたすべきといへるハ、此物語のことにまて（見源氏絵合此源氏ハ作り物語なれどあけつろひは式部か意にて実の論也）此伊勢物語の自記ならず虚言なるをいとよく知りてかくハ書けるもの也。是ひとつの自記ならぬ證なり。真淵の古意及《マタ》文集等に此物語の事を論《アゲツラ》へるハ、清輔朝臣の袋草子にも作者ハしれさるよしなれハ、是にしたかふへき由をいひ、またいはく、業平のミつから書る也などいふもいかにそや。それはおふけなき事をも其外にも道ならぬ事をもしてそれしかりとみづからしるしおきて誰に伝へむとすらん。又心のうちのかくろへごとをハあだし人の知るべからねはなとあるもいかゝあらん。ふみつくるものの常として有ことよりも深くも似つかはしくも書なすぞかし。又、物語のやうをもよくも見しらぬ時世には、古今集より先なる物と思へる誤さへある也。此つくりざまはあらぬ歌をもて□ともし、或は一こと二ことかへて心をことにし、時世つかさ位なども、こと〳〵くたがへて、其人にして其人の事ならぬやうになせし物也。といふ説に従ふべくおぼゆ。さてまた、おなじ人の説に、真字伊勢物語を六条宮具平親王の作といふことを実《マコト》として、此宮の御撰といふは物語を作り給ふと云には非ず。此頃今すこしはやくいてきつらんを、此宮の真字に書給ふて事として、村上天皇の初め頃の人の歌も入たれは、いかにも天暦の頃出来し物なるべしといふおもぶきを論へり。此説さもとおもはるゝに、本居宣長の説に、真字《マナ》の本は真字《マナ》のあてやういとつたなく、また給へを給江、忘を者《ハ》摺《スレ》とかけるなど、これらの仮字は今の世とても歌よむ程の者などはをさをさ誤ることなきをだに、かくあやまれるはむげにものかくやうも、わきまへしらぬゑせもののしわざと見えて、真字は取かたきもの也。然るに、いと、心得ぬことは、我か県居の大人、此真字本を古本といひてこちたくほめて□よろしとして用ひ、此つたなき真字を物の證にさへ引れたるはいか成事にかあらんと云。宣長の説によれは、真淵の考もよしなきいたづら□のごとくもおもはる。されど、いかにも其頃いてきつらんとおもはるゝに、後撰集は天暦五年に奏してさばかり名高き梨壷の五人の撰なるに、後撰集にも、古今集の如く序文あらまほしくおもほしけれど、貫之は上手にて、古へをひき今を思ひ行するをかねておもしろく作りたるに、今はさやうの事にたへなる人なくてくちをしく思し召けりと栄華物語に見ゆれば、天暦の頃、かくの如く巧みにおもしろき仮字文《カナフミ》の物語は出来まじきにや。なしつぼ五人の中の源順か家集に、天禄三年八月廿八日歌合の順が判の詞、ためのり朝臣の□□を載たるをみるに、すへてなつかしきふしもなくとゞこほりがちにかきたる文にて、まことに後撰の序をかく人なかりけんこと知らる。されは、此物語も其頃いでこん事いかゞあらん。しかるに、一条院の頃出来たる源氏の物語に伊勢物語とも在五か物語ともしるし、かつ其評判をさへいへるを見れば、此頃よりは早く出こし書《フミ》なりけり。此物語の第三十九段に、いたるはしたかふがおほち也といふ注に、契沖云、順は永観の頃迄在世なれば此物語天暦の頃よりはるかに後に出きたる證也。此所のみならず、こればかりは後の人のかき加へたるにやともいふべきを、かゝる事あまたなればたすくべからずと、臆断にいへり。此説いとよろしくたかふべし。しかるに、切臨か伊勢物語集注に云、伊勢は五十九代宇多ノ帝の代の人也。順は六十二代村上ノ帝の天暦の頃迄ありし人也。後世の人を伊勢か兼てしりて書べきにあらす。古本にも注のやうにちと下《サゲ》て書たり。是は此物語を講訳せし人、致《イタル》が孫に順といふ名《メイ》人ありといひしを、きく人か脇書《ワキガキ》に□しておきしを、展転書写の誤にて後に素本に書入たるもの也。それをしらせん為《タメ》に天福の本にも一段さげて書たりと云り。令世おもふに、是は伊勢か作といふ説に合《カナ》へんとて、此注を後人の書入として、定家ノ卿も一段さげでかゝれし成べし。取べからず。また、真淵が古意には、第三段第五段、また此段などすべてところ〳〵の作者の自注を皆後人の裏書と定めて、此注なども真字《マナ》ノ本には無《シ》とて、省けるはいとみだり成私也。たとひ実に誤にもせよ、猶本のまゝにあけて、扨其由をこそ注べけれ。真淵には多くかゝる強《シヒ》たる私ことおほきぞかし。よく心得て取捨《トリトラズ》をものすべき也。

かくて此物語のいできたらんそのやうは、まづ西土《モロコシ》にて史を作るに、古人の詩文章或は其人のいへる一言二言などは、まことに当時《ソノカミ》いひけんまゝにかく事もあれど、なべては史《フミ》を作《カケ》る人の口なり。又詩をえらぶにも、詞などは撰者のなほせるもあり。杜子美は秋興八首の詩を、于鱗が唐詩撰には秋興四首と題して、只四首のみ載たるが如し。さて考るに、古今集は友則・貫之・躬恒・忠岑四人の撰といへど、序よりはじめてあまたの詞書は皆貫之が文なり。其ノ中業平の歌の詞書の此物語とおなじきは、古今集を取れる物なるべし。思ふに、業平の事跡は口碑《ムカシガタリ》に伝へて、此比人のあまねく知れる事なりけんを、古今にはかける物にて、業平の事を仮字《カナ》もてしるしたるは、古今集貫之の筆をはじめといふべし。其故なぞといはゞ、土佐日記にも業平の朝臣の惟喬のみこの御ともに、渚ノ院にて歌よめる事をかき、又安部仲麻呂のあまの原ふりさけ見ればの歌を、土佐日記に其よめりけん時のさまをくはしくかき、古今にはもろこしにて月を見てよみけるとかけるは、是も仲満《ナカマロ》の自記など在しを取レるには非ず。おのづから口碑《ムカシガタリ》に伝へたる事を、かく貫之のかける物なりけり。古今より先《サキ》に業平の事かけるは、三代実録のみにて、外には見えもきこえもせず。さるを伊勢物語は古今よりふるくて、古今の詞書は此物語をとれる物ぞといふは非ず。また古今の後、此の朝臣の事をいへるは、後撰に身のうれへ侍りける時津の国にまかりて云々、東へまかりけるにすぎぬるかた恋しく云々などぞ見えたる。是よりのち〳〵の勅撰に、業平のことのいさゝかづゝ見えたるは取に足らず。されば業平朝臣の事を仮字にふるくしるしたるものは、古今・土佐日記・後撰の三ッの書《フミ》にとゞまれれば、真淵がいへる如く、伊勢物語は古今などを取てかけりといふ事うつもなし。さて又清少納言の枕草子に、みづからのみそかごと、行成ノ卿にあひたる事、大学頭にいどまれし事をしるし、紫が日記に御堂殿にけそうせられし事をかき、道綱ノ母上の兼家公のわがもとに通ひそめ給ひし事を蜻蛉日記にあらはし、泉式部もみづからのみそかごとを其物語にかきしなど、是は其比大内のさまいとみだりがはしく、さのみはづべき事ともおもひたらず、かへりて風流なる事とさへおもひたるげなれば、業平も自記ありけんともいふべけれど、さばかりたぶれたる人にもあらざめるをや。又上田秋成がよしやあしやノ抄に、さらしなの記に在五中将の集と有は、其比まではさるふみも有しにやと云も、しひて悪むまじき事也といへるは、安らかなる説なれど、猶此物語を日記とも集とも、心にまかせ筆にまかせて、いひもかきもしけんかし。上にいへる如く、業平のこと、ふるくは三代実録・古今集・土佐日記・後撰集などのみなればなり。今の世に歌仙歌集といふ書《フミ》は、実に其人々の家集なるもあれど、業平などは後の人のすこし斗かきあつめたる物なり。さておもふに、伊勢物語はいかにも言ずくなに、巧《タクミ》におもしろくあはれになだらかにふるめかしくかきたるは、此物語の作者、かばかりの文章才学《アヤコトバザエサトリ》ながら世に用ひられず、名もなくてやみけんに、其憤をふくめておもふ事いはでぞたゞにやみぬべきの歌をば終にいだせるならん。秋成が作者のみづからの事をもふくめたるならんといふ説はいとよし。

業平相撲の考

業平朝臣の亭子の帝のいまに殿上人にておはしましける時に、すまひをとりて高欄を打をりたりといふ□、大鏡今鏡等にも見ゆれとあやしき事也。亭子院は貞観八年五月五日に生《アレ》まし〳〵といへり。又業平は元慶四年に五十六にて卒と三代実録に見ゆ。元慶四年より逆に□へ五十六年くれば、天長二年に業平はうまれたり。しかれば、貞観八年亭子院うまれ給ふころは、業平既に四十三歳也。また、宇多天皇は元慶八年に御年十九にて源姓を給り玉ふ。しかるに、業平は元慶四年に卒て八年にははやくなき人也。もし四年より以前に相撲をとり給はゞ、十三四五の御年なるへきに、五十余の翁の相撲をとりて、十三四五の人を高欄のをる〳〵ばかり投《ナゲ》ん事いかゝ。よくよくかむかふへきなり。

文政二年陽月上澣

二　『伊勢物語作者論』の成立

原史料について考えてみると、写真の説明には「吉田令世自筆」「著者蔵」とある。活堂の自筆であることは筆勢からみて間違いはなく、しかも「睦堂」の印記が押されており、この史料が江沢講修《えざわときなか》旧蔵であったことが窺われる。講修は上総の国学者であって活堂と交遊を持ち、後に活堂の主著『声文私言』に序文を寄せるほどであるから史料の伝来に不審はない。ただ、掲げた本文には若干の誤植があるが、内容を検討するに際しての不都合はみられない。

元来、本書は立綱《りゅうこう》の『伊勢物語昨非抄』の巻頭に添えられ三枚から成っていたといい、『伊勢物語昨非抄』には活堂の押紙が十三箇所貼られていたというから、本書が『伊勢物語昨非抄』と密接な関係にあることは容易に推察される。

また、次のような報告もある。

立綱の「伊勢物語昨非抄」の中に吉田令世の「伊勢物語作者論」と「業平相撲の考」とがあることは知られているが、本書は伊勢物語拾穂抄を台本とし、これに、頭注・傍注の形で、墨または朱でもって、全面的に書き入れをしたものである。巻末に「右伊語拾穂二巻以臆断古意等参考而其説有可取者則書之上方或書の簡編左右以為忘備一助矣　文政二年己卯十二月十六日　吉田令世識」としてある。例の「作者論」に「文政二年己卯十月申ノ刻識ス」と押紙にあり、「業平相撲の考」に「文政二年陽月上澣」とあるのであるから、この書入本の巻末自筆識語と関連して考えられることは、吉田今《ママ》世の伊勢物語注釈の作業が、十月上旬から初《ママ》まり、十二月中旬に実を結んだと考えてよいであろう。そして、その中心作業は、臆断と古意とを検討することと、出典等の資料を蒐集することと、解釈を整理することなどにあったと思われる。「伊勢拾穂二巻」とあるから、上下二巻（当時一、二を合冊して上巻、三、四、五を合冊して下巻とするのが普通の形である。）揃うべきであるが、架蔵するものは、下巻のみである。（田中宗作博士『伊勢物語研究史の研究』二二一ページ）

右は書入本についての紹介であって文政二年の成立であることは明らかである。これによって活堂の伊勢物語研究が作者論に止まらず、全体に及んでいたことが知られる。しかも、それは二カ月半ほどで終了し、契沖と真淵の説を比較検討するものであったらしいことが窺われる。さらに、田中博士は「書入本で草稿的なものではあるが、先注として、臆断・古意・宣長説・師説などをあげている。旧注はほとんど姿を消している。」（同書二〇四ページ）とも述べられているが、問題は「師説」である。この「師説」が田中博士のいい方なのか、書入本のいい方（すなわち活堂のいい方）なのか判然としないが、いずれにしても活堂からみての「師」であることは疑いがない。当時、水戸学派としての活堂の「師」として指摘し得るのは藤田幽谷のみであるが、果たして幽谷なのであろうか。

私は、ここにいう「師」は幽谷ではなく、立綱ではなかろうかと推定する。それは、次の理由による。

1　立綱には『伊勢物語昨非抄』という研究書があること。

2　『伊勢物語作者論』（「業平相撲の考」も含めて）の伝来経過からして、立綱と密接な関係にあると思われること。

3　立綱は文化十年に水戸に来て、父尚典と交遊を持ち、古典の講義をしているから、その講筵に活堂も連なっていたことが推察されること。

4　幽谷は確かに活堂の「師」であり歴史家ではあるが、伊勢物語に関する研究者とはいいがたいと思われること。

ただ、『伊勢物語昨非抄』には活堂の押紙があり、それにはやや批判的な部分もみられることに注目すべきであろう。一例をあげると「概論」には次のような一文がある（『未刊国文古註釈大系』による）。

令世云、此伊勢物語の説はもと東麻呂真淵等の説にて、それを秋成考へえたるなれは、其よしをも一通りいひたきもの也。かくては全く秋成始て考へ出し説のやうにて、東麻呂なとの為にほいなき事也

ここは伊勢物語の名称に関する箇所であるが、立綱が「今おのれかよしと思ひ定めしは上田秋成か説に」と引用した部分に対する押紙であるから、引用に関しての異見を述べたのである。したがって、師説を全面的に認めている訳ではないことが窺われる。

いずれにしても、活堂の「伊勢物語」への関心は高く、後年の『声文私言』にも引き継がれているということができよう。

三　本文の検討

まずは、引用書の注釈から始めよう。「一条禅閤の愚見抄」は一条兼良の『伊勢物語愚見抄』、「細川玄旨法師の闕疑抄」は細川幽斎の『伊勢物語闕疑《けつぎ》抄』、「北村か拾穂抄」は北村季吟の『伊勢物語拾穂抄《しゅうすいしょう》』、「契沖阿闍梨の臆断」は契沖の『勢語臆断《せいごおくだん》』のことで、「定家卿の奥書」というのは、藤原定家が校訂した多くの書写本のうちの流布本にみえる次の識語のことである。

抑伊勢物語根源、古人説々不同。或曰、在原中将自記之。因□、有其謙退比興之詞等。又云、伊勢筆作也。或云、生年十三而書也。似彼家集文体。是故号伊勢物語。以此両説、案之、更難決之。心中秘密身上興言、他人推而難注之。以之可謂其自記歟。但疑、万葉古風之中多載撰集之哥。仁和聖日之間、粗記臨幸之儀、此等事者有不審。伊勢家集、其端文体偏以同之。是又見先達旧記、庶幾其体歟。（後半略、傍線部が活堂の引用箇所）

「顕昭《けんしょう》法橋《ほっきょう》袖中抄《しゅうちゅうしょう》」は顕昭の著名な歌学書であり、「大鏡」の一節は八段にみえている。「紫式部か云」の一節は割註にもみえる通り『源氏物語』二の絵合にあり、「くたす」は「腐す」（汚す）の意である。「真淵の古意及文集」は『妹背《いもせ》物語考』からの要約であり、「本居宣長の説」は『玉勝間』五巻の「いせ物語真名本の事」からの引用（一部要約）であり、「契沖云」は『勢語臆断』からの引用である。さらに、慶安五年刊行の一華堂切臨《いっかどうせつりん》『伊勢物語集註』や後半部には寛政五年刊行の上田秋成『よしやあしや』を引用するなど幅広い関心をみせている。いわば、前段は自記説か非自記説をめぐる研究史であり、各説に対する活堂の評価というべきものであろう。

次に、後段にみえる活堂の主張を検討してみよう。大きくは二点となろう。第一は「其ノ中業平の歌の詞書の此物語とおなじきは、古今集を取れる物なるべし。」とか「伊勢物語は古今よりふるくて、古今の詞書は此物語をとれる物ぞといふは非ず。」とか「真淵がいへる如く、伊勢物語は古今などを取てかけりといふ事うつもなし。」という指摘である。「うつもなし」は疑いがないの意であるから、要するに詞書きの比較から古今集よりも伊勢物語は後から成立したという主張となる。第二は、作者の物語の創作状況についての言及であり、それは秋成の説に賛成した末尾の箇所である。すなわち「さておもふに」以下のところであって、ここに引く一首は『新勅撰和歌集』巻第十七の雑歌二に「読人しらす」として収められている

おもふこといはてそたゝにやみぬへき我とひとしき人しなければ

という歌である。この歌は一二四段（引用は池田亀鑑博士『伊勢物語に就きての研究』によるが、博士は一二五段まで収録されている）にみえるものであってこの歌に秋成は作者の「其憤」をみた訳であるが、その解釈に活堂も賛意を表明してこの短い考察を終えている。おそらくは、第一点が中心であり、第二点はその補強ということになるであろう。いずれにしても、活堂は業平非自記説を主張したのである。

最後に「業平相撲の考」についてもふれておこう。この考察は「大鏡今鏡」にみえる記事に対する疑問であって、例えば「大鏡」には次のようにみえている。

王侍従など聞えて、殿上人にておはしましける時、殿上の御倚子の前にて、業平の中将と

相撲とらせたまひけるほどに、御倚子にうちかけられて高欄折れにけり。その折日今に侍るなり。

これに対して、活堂は年齢考証によって「あやしき事也」と疑問を呈した訳である。活堂の考証を検討すると、「貞観八年亭子院うまれ給ふころ」は貞観《じょうがん》九年であり（大鏡本文には九年とみえる）、「業平既に四十三歳也」は八年から算出すれば四十二歳のはずであるが、正しい九年からみれば四十三歳ではある。以上の点を除けば、活堂の考証はもっともであり、いま仮に元慶《がんぎょう》四年の五十六歳をとれば亭子院すなわち宇多天皇は十四歳であるから、高欄を折るほどに投げつけることに疑念を抱くのは当然ともいえよう。

四　本書の意義

伊勢物語の作者や成立に関する研究は古典の中でもっとも多いものといわれている。その一端は田中宗作博士の『伊勢物語研究史の研究』によっても知られるが、その研究をもってしても今日確定的なことはいえないようである。作者はいうまでもなく（山田清市氏の紀貫之作者論さえある）、「伊勢物語」という名称についても多くの説がみられるし、成立に関しては古今集より早いのか遅いのかという点も争点であるが、これについても簡単に結論は出せないようである（福井貞助氏『伊勢物語生成論』参照）。

活堂の研究は小さなものではあるが、研究史を要領よくまとめつつその問題点を指摘して、業平非自記説を主張したのである。今日に伝えられている伊勢物語そのものが業平の自記によるとは考えられていないから、その点では十分に首肯できると思われるのである。それが、「殊に成立論に於て優れてゐる」（『未刊国文古註釈大系』の解題）とか「概して勝れた言説であり、勢語研究者を示教するものであることが頷かれるであらう」（倉野博士『上中古文学論攷《こう》』）という評価となっているのであろうと思われる。したがって、近世の研究史における活堂の地位は決して低いものではなく、しかもその実証的な研究態度はすぐれて史学的であって安藤年山以来の水戸学派の国学的伝統を継承するものといってよいであろう。

（初出『清真学園紀要』第十五号、平成十二年）

附録三　『万葉集』研究について

吉田活堂には『万葉集』に関する若干の考察が知られるが、主な研究を窺う著述は次の通りである。

小倉の花（文化十三年、二十六歳）
声文私言（文政八年、三十五歳）
栗田本万葉集の書き入れ（文政十・十一年、三十七・八歳）
水の一すぢ（文政十二年、三十九歳）
鶉舟のすさみ（天保三年、四十二歳）
歴代和歌勅撰考（天保十五年、五十四歳）

ここでは『栗田本万葉集』の書き入れと『水の一すぢ』について取り上げてみよう。前者は『契沖全集』（岩波版）巻三の解説で紹介されたものであるが、五例がみえている。解説によれば、千蔭の略解《りゃくげ》や宣長説や季吟の拾穂抄《しゅうすいしょう》を引いているとのことである。それらを『国歌大観』本の番号を示しつつ掲げてみる。
第一例は、七九六に関して誤写を指摘したものである。
第二例は、二四八八「礒の上に立てるむろ木ねもころに何に深めて思ひ始めけむ」に関するもので、次のような書き入れである。

略解ニ第三二、わきもこが見し鞆浦の天木香樹ハ云々とありて、此礒のむろの木をよめる哥三首あり、此なる年久しくむろの木有しと見ゆ、されハ瀧ハ樹の字の誤ならんか、天木香樹と書たれハ回香樹と書る故も有べく覚ゆ

令世按るに、深目の下ニ弖天等ノ字落たる歟

第三例は、二七一七「朝東風に井堤越す浪のよそめにも逢はぬものから瀧もとどろに」に関する記述である。

令世按ニ、世蝶ヲせちふト訓べシ　小豆をあちき　なくさむるを漏、松を円とよめる類とせは難なかるべし

第四例は、二八〇五「伊勢の海ゆ鳴き来る鶴の音どろも君が聞こさば吾恋ひめやも」に関する書き入れである。

いせの海ゆなきくるたづの音杼侶毛君之所聞者吾将恋八方
おとどろハ音のとゞろに高くひゞくをいふか、契沖ハろを助語とせれと穏ならず
音だにもと有しが誤れるにや、しからバ杼呂かなどの誤れるか、令世おとどろトリモナホ
サズおとづれトいふ言なるをや
第五例は、三二七八に関する書き入れである。
犬莫吠行年　ハ所年ナルヘシト宣長イヘリ
令世按ニ、行年ニテモ聞ユル也
第一例は誤写に関するものであるから特に問題はないであろうが、第二例は他の用例をみると弖天等の文字が使われているから認められてよい。第三例は「世染」となっている写本もあるから判断は避けておこう。第四例は今日解釈不明というのが現状であるから、一つの解釈を示したものということはできよう。第五例は宣長説への批判になるが、ここは一考を要するであろう。今日では「そね」とすべきであろうというのが有力であるが、凡そ次のように考えられている。
原文、行年を何故ソネと訓みうるか不明。そのため、これを、コソと訓む説もある。そのコソは希求のコソであり、その上に禁止のナの添ったものと解するのである。しかし、希

求のコソは上に禁止のナを伴う例がない。そこで、どうしてもこれはソネと訓まざるを得ないことになる。本居宣長は行年を所年の誤りとしたが、なお研究を要する問題である。
（日本古典文学大系『万葉集』一）

要するにまだ決着はつかないのであるが、少なくとも活堂が『万葉集』の研究に当たって宣長説を参照していたことが窺えるのである。ちなみに澤潟《おもだか》博士は「行年」を「そね」と訓ずるが、なぜそう訓むかはわからないとされる。

次に後者『水の一すぢ』であるが、これは水戸九代藩主の継嗣問題の記録として知られ、その流麗な和文には『万葉集』をふまえた箇所がみられる。まず、凡例の二条目には次のように記されている。

御館、これをやかたと訓こそハ、まつ屋形とハ万葉集十六巻に、奥津国領《シラシノ》君之《キミガ》染《ソメ》屋形《ヤカタ》とあるハ、家のかたちある船の事なるを吉野宮の比よりやことなきあたり、又さらても、いきほひある武夫なとの家をハ屋形といふ事になりて、太平記あるハ慕景集その外の物にも見へたるを、今の世にハ此号いよ〳〵たふとき名になりて、みたりにハいはす、やごとなきあたりにのミいふ事となりてめてたき名なれハ、其まゝに御館といへり

ここにみえる巻十六の歌は三八八八の

奥国　領君之　染屋形　黄染乃屋形　神之門渡

を指している。また、下巻には「いさみたるといふ詞は万葉集の家持か長歌によれり」との記述もみられるが、やはりこうした例は『万葉集』への関心を示しているといえる。

総じて活堂の『万葉集』研究は水戸学派のそれに棹さすものであるが、その他を例示すれば、詳細は全く不明であるが『万葉綺語標』の著作、『之呂考』への引用、『御会始和歌』に収載の万葉仮名使用の和歌、万葉歌人佐久良東雄との交遊、長歌への関心、編集に関与した『明倫歌集』における『万葉集』の地位の高さ等である。これらは、活堂のなみなみならぬ『万葉集』への思いを示すものであろう。

ところで、『鵜舟のすさみ』巻二には次のような記述が挿入されている。

千蔭か万葉略解ハ古言を釈たれとも、哥か注釈は契沖真淵の説をとり合せ、惣てハ本居宣長にことく〳〵にたつね問ひて文かよはしつゝ、その説に依てかきなせハ千蔭か自らの力ハいくはくもあらす

このような批評は『声文私言』にみえる季吟への批評と軌を一にするものであるが、それは活堂が先達の業績を悉さに研究していたことを示すものである。今日、必ずしも活堂の業績のすべてを明らかにすることはできないけれども、水戸学派の、いな近世における『万葉集』研

究に一石を投じたものとすることができよう。

（初出『清真学園紀要』第九号、平成六年）

吉田活堂・璞堂略年譜

寛政三年	（一七九一）	1歳	吉田尚典の長男として誕生する。
寛政七年	（一七九五）	5歳	尚典、馬廻組史館勤となる。
文化四年	（一八〇七）	17歳	藤田幽谷、史館総裁となる。このころ歌を学ぶ。
文化十年	（一八一三）	23歳	史館雇となる。
文化十三年	（一八一六）	26歳	「小倉の花」を著わす。清水浜臣と交わる。
文政元年	（一八一八）	29歳	「鎖狂録并附録」を著わす。
			江沢講修・小山田与清・立綱らと交わる。
文政二年	（一八一九）	30歳	「伊勢物語作者論」「業平相撲の考」を著わす。
文政四年	（一八二一）	31歳	合力扶持を賜り江戸史館雇となる。
			「擬古物語」を著わす。
文政七年	（一八二四）	34歳	妻（山国喜八郎の姉）歿す。
文政八年	（一八二五）	35歳	切符を賜り歩行士なる。
			「声文私言」を著わす。「皇朝史略」の刊行に反対する。

文政十年	（一八二七）	37歳	敬三郎主催の和歌御会始で講師を勤める。
文政十一年	（一八二八）	38歳	小十人組となり史館勤元の如し。
			「之呂考」を著わす。
文政十二年	（一八二九）	39歳	敬三郎（斉昭）の藩主擁立に奔走する。「史談歌話」を著わす。
文政十三年	（一八三〇）	40歳	「水の一すぢ」を著わす。
（天保元年）			「扶桑拾葉集註釈」の編纂に携わる。馬廻組となる。
			於菟三郎（尚徳）生まれる。
天保二年	（一八三一）	41歳	小普請組となり水戸に移る。尚典歿す（69歳）。
天保三年	（一八三二）	42歳	「鶉舟のすさみ」「秋歌合」を著わす。
天保四年	（一八三三）	43歳	「難霊能真柱」「二拾八番歌合」を著わす。
			土浦の色川三中・石岡の鬼沢大海と交わる。
天保五年	（一八三四）	44歳	「はるのすさび」を著わす。
天保六年	（一八三五）	45歳	長島尉信の肖像に讃を書く。
			斉昭「常陸日記」を抄出する。
天保八年	（一八三七）	47歳	小十人組となり史館勤となる。
			東湖とともに伴信友に会う。
天保九年	（一八三八）	48歳	佐原の伊能穎則を訪れる。

		三河の羽田野敬雄の訪問を受ける。
		「大日本史歌人伝」を校訂する。
天保十年（一八三九）	49歳	「宇麻志美道」を著わす。
		要石歌について諮問を受ける。
天保十一年（一八四〇）	50歳	斉昭、鼠町の活堂宅を訪れる。
		良哉（佐久良東雄）の訪問を受ける。
天保十二年（一八四一）	51歳	御次番となり弘道館助教となる。
天保十三年（一八四二）	52歳	助教及び史館勤を免ぜられ歌道掛となる。
		「明倫歌集」の編修に携わる。
		「養老の記」を著わす。
天保十五年（一八四四）	54歳	「歴代和歌勅撰考」を著わす。
（弘化元年）		歿す（脳卒中）。
安政四年（一八五七）		尚徳、訓導立場歌道懸となる（27歳）。
		尚徳、正志斎の「退食間話」を批評する。
文久三年（一八六三）		尚徳、歌道方指南出精により白銀五枚を給わる（33歳）。
慶応三年（一八六七）		尚徳、歿す（37歳）。

おわりに

吉田活堂の研究は大学の卒業論文から始まったが、それから四十数年が経過した。かつて、研究会の折名越時正先生から、活堂が水戸の国学者といわれながら研究はほとんどなされていないことをご教示いただいた（昭和四十八年ころ、ちなみに水戸史学会の創立は昭和四十九年七月であり、会長は西野正吉先生、名越先生は代表理事）。国語や国文学に多少の関心を持っていた私は無謀にも即座に活堂を取り上げることに決め、生涯を明らかにすることから始めた。とはいっても、簡単に研究ができるはずもなく、稚拙な卒業論文を書いたにとどまった。とても、名越先生や指導教授である瀬谷義彦先生（当時茨城大学教授）のご期待に添えるようなものではなかった。

その後、教壇に立つ身になってからも少しく関心を持ち続けてはいたが、職務もあってなかなか研究は進まなかった。しかしながら、東京の静嘉堂文庫で見つけた『鎖狂録』の写本の奥書に「ノリヨ」との振り仮名を発見したことがその後の研究にはずみをつけたし、茗荷谷の旧東京教育大学図書館で写本を拝見した時には胸の高なるを覚えた（その後この写本は筑波大学に移管された）。また、国立国会図書館で『吉田令世日記』を見出した時はたとえようもないほどに嬉しかった。それは『水戸市史』編纂時にも使われなかった一級史料だったからである。その後、皇學館大學の谷省吾先生から『鎖狂録』の写本を拝借したり、里美（常陸太田市）の吉成英文様や水戸の長谷川実様からは多くの活堂関係の史料をご提供いただいた。吉成様と長谷川様からのご提供がなければ活堂研究は全く進まなかったといっても過言ではない。衷心より御礼を申し上げたいと思う。

また一方では臆面もなく「伊勢物語作者論」に関して倉野憲司博士にご教示をお願いしたところ、ご丁寧な回答を寄せてくださったことや愛知の簗瀬一雄博士から不躾な質問にもかかわらず懇切なるお答えを頂戴したことなどは忘れがたいことである。今にして思えば国文学界の大御所に、しかも一面識もないにもかかわらず突然のご教示を願うなど汗顔のいたりであった。東京はいうまでもないが、仙台・上田・豊橋などに活堂関連の資料を求めたりしたこともあった。そうして少しずつ活堂論を発表してきた。

昭和五十九年、それまでの研究の一端を『吉田活堂の思想』（ふるさと文庫）という小著にまとめたが、平成二年、活堂の生誕二百年を契機として新たな一本を刊行しようと考えた。諸般の事情で刊行は遅れて平成九年になったが、活堂に関する本格的な著書となった。『水戸の国学

――吉田活堂を中心として――』（水戸史学選書）と題するものである。この一本を皇學館大學の田中卓先生に贈呈申し上げたところ、激励の言葉とともに、その他の論文を合わせてさらに大きな著書としてはどうか、とのご指導をいただいた。そこで、先生のご好意に甘えさせていただき、神道史学会から研究叢書の一冊として『水戸派国学の研究』（臨川書店）を刊行することができた。七百頁に及ぶ大冊となった。その後、先生からは皇學館大學へ博士学位請求論文として提出するようにとのお勧めをいただき、幸いに学士院賞受賞の大庭脩博士を主査として拙論をご審査いただき博士学位を頂戴することができた。平成十二年三月のことであった。

この論文の第二編が吉田活堂の研究であり、それまでの研究の集大成でもあった。活堂の研究を手がかりとして、水戸学派における国学的要素を抽出して、一貫して流れる国学的なものを「水戸派国学」として近世国学史上に位置づけようとしたものである。名越先生は拙著に寄せられた序文のなかで「宏大な水戸の学問の一つの要約」であると評価してくださった。身に余る光栄であった。また、直接には皇學館大學との繋がりのない私が田中先生・谷先生（元神道史学会代表）・西宮一民先生（授与時の学長）・大庭先生・伴五十嗣郎先生（当時神道史学会代表・拙論審査の副査）と五代の学長先生にご指導を賜ったことはこの上ない幸せというほかはない。

ここで、豊橋での調査について一言しておきたい。豊橋市立図書館には二度うかがい、羽田八幡宮文庫蔵書の調査を行ったが、その成果をまとめたものが昭和五十九年発行の『水戸史学』第二十一号に発表した「幕末における水戸学の展開――羽田八幡宮文庫蔵書をめぐって――」（後に『水戸派国学の研究』に収録。文部省科学研究費補助金（奨励研究Ｂ）による助成研究）という論文である。この調査で藤田東湖『常陸帯』の写本に羽田野敬雄の書き込みがあることを発見したのである。この書き込みによって羽田野が二度来水し、吉田活堂はじめ吉成、武田などの諸氏と会い、さらに西山をも訪れていたことが判明したのである。このことを田崎哲郎氏（愛知大学名誉教授）が平成二十一年七月二十八日付「東日新聞」に掲載の「羽田野敬雄の水戸訪問」という一文で紹介された。田崎氏は拙論を水戸の鈴木暎一氏（茨城大学名誉教授）から聞いたとして「三河に何度か足を運ぶだけでも、大変だったのではと思われる労作である」と評され、また羽田野の書き込みについてもふれて地元の研究会の折にも漏れていた事実とされている。鈴木氏ともども拙論を紹介されたことに謝意を表したいと思う。

また、活堂・璞堂父子が編纂に関与した『明倫歌集』についてはそれまで注目されることがなかったが、主として国学との関連から新たな光を当てその意義を考えてみた。後に青山英正氏（明星大学准教授）が拙論をふまえつつ再検討を加えられ（『文学』五―一収録「幕末の歌集と教化――『明倫歌集』の編纂とその意義について――」）、さらなる意義を考察されたのも嬉しいことであったし、小山田与清の研究家である安西勝様より『声文私言』の木版本を恵与されたことも感激であった（平成十一年、本書掲載の写真はこれによる）。

このようにみてくると、吉田活堂の神霊が私をして活堂を研究させたのではないかとさえ思われる。本書では多少の新史料を活用はしたものの、これまでの活堂研究の要約にすぎないのではあるが、水戸学派において国学に関心を寄せたユニークな学者の存在を知るきっかけになればその意義もまた少なしとはしないであろう。

これまでにご指導を賜った名越先生や瀬谷先生をはじめとして、多くの方々、とりわけ水戸史学会の役員理事・会員各位及び関係諸機関に篤く御礼を申し上げたいと思う。

刊行に当たっては、厳しい出版事情の中『水戸の国学――吉田活堂を中心として――』以来数冊を刊行してくださった錦正社（中藤政文会長及び正道社長）の皆様に、末尾ではあるが感謝の意を表したいと思う。

なお、本書の草稿の大半は母の看護の合間に練ったものである。母は平成十九年九月十六日天寿を全うして帰幽した。それから十年余りが経過した。遅きに失したが、謹んで本書を母に捧げる。

平成三十年五月　ふじの花咲くころ

著者誌す

著者略歴

梶《かじ》山《やま》孝《たか》夫《お》

昭和26年　茨城県生
大学卒業後茨城県内の私立高等学校（中学校）に奉職、平成24年3月退職
鹿嶋市及び稲敷市文化財保護審議会委員、鹿嶋市史編纂専門委員、図説鹿嶋の歴史編集委員等歴任
現在　水戸史学会理事　温故学会顧問　博士（文学）　横浜市都筑区在住

※主要著書等　吉田活堂の思想（筑波書林）、新版佐久良東雄歌集（錦正社）、水戸の国学（錦正社）、水戸派国学の研究（臨川書店）、大日本史と扶桑拾葉集（錦正社）、現代水戸学論批判（錦正社）、大日本史の史眼（錦正社）、藤田幽谷のものがたり（3冊）（錦正社）、安積澹泊のものがたり（錦正社）　等

水戸の人物シリーズ11　水戸《みと》の国学者《こくがくしゃ》　吉田活堂《よしだかつどう》

平成三十年七月　二日　印刷
平成三十年七月十六日　発行

※定価はカバーなどに表示してあります。

著　者　梶山孝夫
企　画　水戸史学会（会長 宮田正彦）
発行者　中藤正道
発行所　㈱錦正社
〒一六二―〇〇四一
東京都新宿区早稲田鶴巻町五四四―六
電　話　〇三（五二六一）二八九一
FAX　〇三（五二六一）二八九二
URL　https://kinseisha.jp/

印刷所　㈱文昇堂
製本所　㈱ブロケード

ISBN978-4-7646-0136-9